# コーチングよりも大切なカウンセリングの技術

Counseling techniques that are more important than coaching

小倉 広 Hiroshi Ogura

日本経済新聞出版

# はじめに

私は年間300回を超える管理職研修に登壇しています。その中で、受講者である管理職の方の声を聴いていると、多くの方が部下とのコミュニケーションに悩んでいることがわかります。私は同時に、十名弱の会社員の方と契約を結び、定期的に心理療法を行う心理カウンセラーでもあります。彼らの多くもまた不安を抱えています。「テレワークで上司にどう思われているのかわからず不安だ」「自分はチームに迷惑をかけているのではないかと罪悪感がある」、このように悩む方も多いのです。両者の気持ちを聴くほどに、私は職場のコミュニケーションが機能不全を起こしているように感じました。そして、その解決にカウンセリングの技術が有効なのではないかと本書の担当編集者にご相談したところ、ぜひその内容を本にしましょう、と本書の発刊が決まったのです。

フォーカシング指向心理療法の第一人者である関西大学大学院心理学研究科の池見陽教授の著作『心のメッセージを聴く　実感が語る心理学』（講談社現代新書）の中に次のような興味深い調査結果が書かれています。「上司はカウンセリング・マインドが豊かだ」

と思っている部下たちの方が、「上司はカウンセリング・マインドが乏しい」と思っている部下たちに比べて「職場の活性度が高い」と感じる人の割合が17ポイントも高く、1・5倍近い標準得点数値を示している、というのです。

これまで、職場を活性化させるコミュニケーション手法としてはコーチングが注目されてきました。しかし、コーチングだけでは現代の職場におけるコミュニケーションの機能不全を解決できるとは思えません。VUCAな時代（Volatility変動性、Uncertainty不確実性、Complexity複雑性、Ambiguity曖昧性）と呼ばれる現代は、極めて不確実で先が読めない時代です。

こんな時、明確なゴールを描き、ゴールに向けて目標達成の手段を描くコーチングでは限界があるように思うのです。そうではなく、先が読めずゴールすら描けないことを認め受け容れ、その上で上司と部下が二人三脚で試行錯誤を重ねていく、カウンセリングこそが求められる時代なのではなかろうか。私は常日頃から、そう強く思っています。

旧来から職場で使われているティーチング、そして20年ほど前から職場に浸透しつつあるコーチングに加え、新たにカウンセリングの技術が職場に浸透してきたら、きっと社会は変わるに違いない。そのような思いから本書を執筆いたしました。

理論だけではなかなかピンと来ないカウンセリングの対話をマンガという手法を使って

わかりやすくお伝えしようと試みました。皆さんに少しでもカウンセリング型コミュニケーションの奥深い世界を感じていただければ嬉しく思います。

2021年7月

小倉　広

目次



# 第1章 カウンセリングが引き起こした五つのミラクル

# 第2章 職場で使える三つの技術 カウンセリング、コーチング、ティーチング

# 第3章 カウンセリングに何が起きているのか

# 第4章 今すぐ使えるカウンセリングの技術

# 第5章 職場でカウンセリングを活かす具体策

ストーリーマンガ　ケン・サイトー

# 第 1 章

# カウンセリングが引き起こした五つのミラクル

## 本書でご紹介する「カウンセリング型コミュニケーション」の理論と技法について

カウンセリングの流派は数百から千以上もあると言われています。本書でお伝えする方法は、その代表的ないくつかを「会社員が職場で使いこなすことができるように」簡便に組み合わせた筆者によるオリジナルな技法です。

従って、本書に書かれている方法はカウンセリングの理論と技法を応用したものであり、カウンセリング技法そのものではありません。あくまでも「カウンセリング型」の「職場コミュニケーション技法」であることをご了承ください。

また本技法は、特別な訓練を受けていない会社員の方でも使いこなせるよう簡便に作られています。そのため、ある流派の専門家から見ると「それは私たちのやり方とは違う間違ったものである」と感じてしまうかもしれません。

先にお伝えした通り、本書の技法はオリジナルかつ簡便な方法であることをご理解の上お読みいただきますようお願いいたします。

## 登場人物

●**ココロさん（興梠 心）43歳**
情報システム開発会社に勤務する営業二部の部長。30代の時に昇進うつを発症。それを機に、心理学とカウンセリングを学び始め、職場で心理学を活用している。

●**シズカさん（対峙 静架）29歳**
同部一課のプレーイング・マネジャー。同期最速での管理職昇進。派手さはないが誰よりも努力し、社内外から高い信頼を集めている。妻と子供三人で社宅暮らし。

●**ゴウさん（行過 豪）33歳**
同部二課のグループ・マネジャー。営業マンとして数々の伝説を残したが、現在は管理職への脱皮にチャレンジしている。情熱的行動派。妻と子供二人の四人暮らし。

●**ヒマワリさん（仲間 陽葵）35歳**
同部三課のムードメイカー。育児休暇を終え通常勤務に戻ったばかり。責任感が強い頑張り屋だが頑張り過ぎる傾向がある。夫と子供一人の三人暮らし。

●**キュウさん（一道 究）42歳**
同部開発一課のグループ・マネジャー。ココロと同期入社のライバル。出世争いで後塵を拝し部下の立場に甘んじている。論理派の切れ者。

Case 1　悩みが消える
「もっと早く相談すれば良かった！」
さぁ 1on1を始めましょう
今日は何を話しますか?
うーん……
どうかしましたか? 眉間にしわが寄っています
仕事に追われて最近まともに眠れてないんです……
……それは問題ですね
もう少し詳しく教えてもらえますか
リモートワークになってから
会議が隙間なく入っていて……
ビッシリ詰まっているんですね
コクリ

会議が終わると
もう20時過ぎで
それから資料
を作り始める
と……
パパ
遊んで～！
パパ
仕事中
だから
あっちへ
行こうね
……
パチ
パチ
パチ…
ヤバい！
！

リモートワークになってから会議がビッシリで仕事量は増えている
自宅で歯止めが利かずつい無理をして睡眠不足になってしまう
そうなんです・・・
あ　これただの愚痴なんで
忙しいのは僕だけじゃないのはわかっていますから
仕事を減らしてほしいとかではないんです
むしろ自分がふがいなくて・・・・みんなテキパキしてるのに・・・・・・
ふがいないと自分を責めている・・・・・・
そんなことを思っていたのですか
私はシズカさんは精一杯やってくれていると思います
シズカさんの悩みに気がつけなくてごめんなさい
いえ　そんなダメなのは仕事が遅い私の方です
私はあなたが仕事が遅いとは一度も思ったことがありません
いつもベストを尽くしてくれていると思っていますよ

いえ 愚痴を言ってしまって申し訳ありませんでした
でもココロさんにそう言ってもらってすごくホッとしました
そうであれば私もホッとします
スー
ハー
ニコッ
そう言えば・・・仕事中もいつの間にかボーッと時間が過ぎたり何度もやり直しをしていました
もしかしたら睡眠不足やメンタルの落ち込みで生産性が下がっていたのかも・・・
寝不足や悩みを抱えていたので
生産性が低かったのかもしれないと
はい 逆にまずは睡眠を確保して眠った方が早かったかも・・・
そしてもっと早めにココロさんに悩みを相談して体調を万全にすれば仕事も早く終わっていたかもと気づきました
睡眠
相談
とはいってもメンバーの体調や仕事量の管理は私の責任でもあります
シズカさんの負担を減らしたいのですが。減らせそうな仕事はありますか？

言い出しづらかったのですが
出る必要がない会議がいくつかあって
そうだったのですか
外してもらえるかリーダーに相談してみましょうか？
助かります
あと後輩に頼みたい僕でなくてもできる仕事があるんですが…
私がかけ合った方がよさそうですか？
ええでも……
……
大丈夫です自分で頼んでみます
今までは「自分の仕事が遅いのが悪いんだ　頼む資格はない」って我慢していたんです
そんなふうに……
苦しかったでしょう
はいしんどかったです……
……
でもなんだか元気が出てきました
ワーッ！
もう桜が咲いているんですね！
外を見る余裕がありませんでした

パシャーッ
わお！すごい！
本当ですね
私も桜に気づきませんでした
こうやって立ち止まって振り返ることは大切なんだと気づきました
聴いて下さってありがとうございました！
こちらこそ正直に話してくれてありがとうございます
会議の件リーダーに相談してすぐに結果を伝えますね
本当にありがとうございました！

## カウンセリングが先、コーチング、ティーチングは後

解決策を指示するのがティーチング、解決策を部下や後輩に考えさせるよう質問するのがコーチング、解決策を考えることはいったん脇に置いて、じっくり、たっぷりと受容・共感するのがカウンセリング。最初にすべきはカウンセリング。エクスキューズとして傾聴するのではなく、聴くことそのものを目的にじっくり、たっぷりと共感することで、様々なミラクルが起きることでしょう。

受容・共感により部下や後輩の緊張がゆるむと、これまで硬直化していた思考が活発に動き出します。すると上司や先輩がティーチング、コーチングをするまでもなく、勝手に部下・後輩の中で答えが見えてくる。そんなミラクルが起きるのです。

## ネガティブな事柄や感情も受容・共感する

多くの人はビジネス現場で「不平不満を言ってはならない」「ネガティブな感情を表現してはならない」と教育されています。そのためネガティブな感情を感じないように感情に蓋をし、抑圧して生きています。しかし、それは消えてなくなることはありません。むしろその逆で、蓋の下でどんどん大きくなりやがて爆発してしまうのです。

私たち人間に不必要な機能はありません。ネガティブな感情を感じることは心身の健康にとって必要なことなのです。そのためカウンセリングでは、抑圧している感情をしっかりと感じ、表出してもらうことを大切にします。それはビジネス現場においても同じく必要であると私は思います。

## ●悩みが消える、解決策が浮かぶ

皆さんが思っている以上に部下や後輩は自分を責め、悩んでいるケースが多くあります。つまり、仕事そのものに問題があるのではなく、自分を責めたり悩むことに時間を割き、エネルギーを奪われていることが多いのです。そんな時は、課題解決をする前に、部下や後輩の気持ちに「これでもか」というくらいじっくり寄り添うことで緊張をゆるめ、止まっている脳を動かしてあげることが大切です。

そうすると、不思議なことに課題の解決策が浮かぶばかりでなく、そもそも「悩む必要がなかった」とわかったり、悩みの根本に愛や思いやり、向上心があることに気づき悩みを肯定できるといったミラクルが多々起こります。

## 必要に応じて上司の立場でも発言する

国家資格・公認心理師の職責を定める公認心理師法第40条には「多重関係」を禁止する項目があります。これはカウンセラーがクライエントとの間に恋愛関係や商取引、上司部下関係という多重関係を持ってはならない、というものです。

しかし、本書で提唱する行為はカウンセリングそのものではなく、その技術を応用したコミュニケーションの技術です。そして皆さんは国家資格を取得している心理師ではありませんから法律に抵触するわけではありません。

この技術を職場で活用する場合は、むしろ多重関係を意識し、時には上司・先輩という当事者としての発言が求められます。なぜならば皆さんはカウンセラーではなく上司や先輩という当事者であるからです。その当事者があたかも第三者のように「他人事」で終始してしまうと、部下や後輩はしらけてしまうでしょう。「他人事かよ」と怒りが湧いてくるかもしれません。先のケースでもココロさんは上司という当事者として部下へ感謝や謝罪の言葉を伝えています。このバランスが必要なのです。

Case 2　活力が湧く
「仕事がしたくてたまらなくなりました！」
……ということで納期が遅れ気味で……
対応策として……
ドタドタ
ドタ
待ちなさい！
すみません…騒がしくて……
いえいえWEB会議ではよくあること
問題ありませんよ
むしろ集中しにくい環境で頑張ってくれてありがたいと思います

恐縮です……
今までずっと会社にいたので気づかなかったんですが
妻が四六時中子供を怒鳴っていて『こんな子育てをしていたのか』とあきれたり腹がたったり
ダメって言ったでしょ！
すみません……
ちょっ！会議中！子供を怒鳴らないで！
今まで気づいてなかった奥様とお子さんのやりとりを見ていらだちを感じている
注意しても
じゃあ あなたが やれば！
と言われると何も言えなくて……
代わってあげたくても　仕事が忙しくてできない……
ゴウさんが忙しいのは私の責任でもあります
申し訳ない
ココロさんは悪くないっすよ
オレは通常勤務　妻は時短勤務ですし『子育ては私がやるからあなたは仕事でちゃんと稼いで』そう言われているから大丈夫です
ただ……
ただ？

心配なんすよ
あんなに怒鳴られてばかりでは子供の将来大丈夫かよ?と
何度言えばわかるのよ! この子は!
そういえば妻も心配です
働きながらの子育てなので負担が重くて
奥様がいつも叱ってばかりで子供の成育が心配だ…と
それだけでなく 奥様の負担の重さについても心配だ…と
そうなんすよ
でも自分では何もできないので強くも言えず…
ご家族を心配しながら仕事でも心配を抱えている それでも毎日精一杯頑張ってくれている ゴウさん いつもありがとうございます
え? オレ頑張ってるんすか?
仕事も家庭も中途半端でダメダメかと思ってました
限られた時間の中で 仕事も家庭も精一杯やっているけど まだまだ中途半端だと自分を追い立てている
オレ頑張ってるんすかねぇ……

さっきは妻の子育てがひどい　と言いましたが　いいところもあるんすよ
本当に子供をかわいがっていて・・・子供も僕よりママにばかりなついているんす
私の息子もそうでした
ははは・・・寝ちゃいました
幸せそうな二人を見るのがガチでオレの生きがいっす！
お子さんと奥様が幸せそうにしているのを見ると
幸せを感じるのですね
あぁ　そうか！そうかも！
妻にはいつも笑顔でいてほしい
だから妻が不機嫌だと、子供じゃなくてオレ自身が不安定になるのか！
なるほどゴウさんがイライラするのは
子供の成育の心配というよりはご自身が望む笑顔でない奥様を見ることでイライラしている
そして　もしかしたら　奥様を笑顔にできない自分自身に対してもイライラとしている　と気づいた

そうっす
ソレ！ソレ！
それです
あぁ
オレは自分に
イライラして
いたのか
そのイライラ
は『奥様を
笑顔にしたい
奥様とお子さんを
幸せにしたい』と
いう『愛』の
裏返しなんですね
いやぁマジっすか？
オレ悪くないんすか？
なんだか
気が抜けた
ような……
すっかり脱線が長く
なってしまいました
1on1みたい
になりましたね
では
スケジュール
の話に戻りま
しょうか
さて　ここまで
話してみてどう
ですか　今の気分は
はい
なんというか
家族の話
を聞いていた
だいただけ
なんですが…
仕事がしたくて
したくて
たまらなく
なりました！
はっはっはっ
はっはっ

お互い仕事が好きなんですねぇ
はい！
そう言えばオレが大好きな仕事に集中させてもらっている感謝を
妻に伝えたことが今までなかったかも！
早速　御礼を言ってみます
奥様も喜んでくれるかもしれませんね
はい　そうしたらもしかして……妻の怒鳴る回数が減るかも……
そういうことか！
あ！そうでした
納期の話に戻ります！
A社さんで納期が遅れている件ですが……

## 所属が満たされないと、争いが起こり問題は解決しなくなる

人間性心理学の源流と呼ばれるアドラー心理学では、人間が持つ究極目標は社会への「所属」であると考えます（詳細はP116）。人が仕事や勉強やスポーツを頑張るのも、逆に弱音を吐いたり反発したり、人の悪口を言ってしまうのも、すべて社会の中に居場所を作り、人とのつながりを感じるためだというのです。アドラー心理学では所属が満たされた時にだけ人は幸せを感じ、所属が満たされないと不幸でつらい気持ちになる、と考えます。

本ケースで、ゴウさんは自分が考える子育てと異なる方法で子どもを叱る妻を見て、自らの意見が通らないために家族への所属が満たされていないと感じます。そして、自分の意見を通すために妻を叱り、しかしそれでは所属が満たされず、ますます所属の危機が大きくなっています。ゴウさんは自分の中で何が起きているかをわからず、不安が不安を呼び、やがて自己否定が起き、それによりまた所属の危機が拡大しているのです。

## 所属が満たされると心がゆるみ、冷静に現状が見えてくる

そんな中、仕事の打合せで上司のココロさんとビデオ会議をする機会に恵まれ、そこで

じっくりと話を聴いてもらうことができました。ココロさんはゴウさんのイライラした様子も奥様が怒鳴る声もすべてを否定せず肯定的に受容します。ゴウさんは自分が穏やかになっていくのを感じます。ゴウさんにとって必要だった家族への所属の代わりとして、別な種類の所属をココロさんとの間に感じられたからです。人は家庭、職場、友人など様々な場を持っています。仮にその一つで所属が満たされなくても他で満たされることで所属の危機はゆるむのです。それがココロさんとの間で起きたのです。

人は自分に対してしていることを他者にする動物です。自分を責めている人は他者を責めます。自分を許せない人は他者を許しません。自分のダメな点ばかりを見る人は他者のダメな点ばかりを見てしまいます。ゴウさんは妻のダメな点ばかりを見ていました。それは、自分のダメな点ばかりを見ていたからです。しかし、ココロさんがゴウさんの良い側面に注目してくれたことにより、ゴウさんも自分自身の良い側面を認めることができるようになりました。

するとゴウさんの心がゆるみ、これまで見えていなかった妻の優しさや穏やかさに気づきます。そして自分は妻を否定していたのではなく心配していたこと、そして感謝していたことに気づきます。ココロさんとの所属が満たされたことでミラクルが起き始めたのです。

## 受容、共感されると活力が湧いてくる

穏やかに受容され所属が満たされた空間にいることでゴウさんの本来持つ能力や優しさが発揮されるようになっていきます。ネガティブとポジティブは常に表裏一体です。ゴウさんが妻の子育てに対して感じていた怒りの裏側には、子どもに対する愛がありました。妻に対する落胆の裏側には、妻を笑顔にしたいという思いやりがありました。しかし、人はネガティブな感情を否定すると裏側にあるポジティブな感情までも感じられなくなるのです。

ゴウさんは、妻に対する怒りや落胆を感じないように抑圧していました。しかし、ココロさんはそんなネガティブな気持ちと表裏一体であるポジティブな感情を一つひとつ丹念にすくい上げ、目に見える形で並べました。それにより、ゴウさんは自分を否定する必要がないことに気づき、自分を肯定できるようになっていきます。そして、それと同じように妻を肯定できるようになりました。所属とは相手と自分を肯定できるようになることです。

ゴウさんの中でその二つが同時に起こりました。ココロさんの関わりにより、ゴウさんは家族に対する所属を急速に感じられるようになったのです。そしてゴウさんは意外な言

葉を叫びます。

「とにかく仕事がしたくて、したくて、たまらなくなりました!」

このプロセスは心理学的には起こるべくして起きたプロセスです。しかし、ゴウさんにとっては間違いなくミラクルだったのです。

Case 3　解決が浮かぶ
「他に方法はない、と思ってました！」
あれ？ ヒマワリさん？
もう19時ですよ お子さん大丈夫ですか？
はい
今日は旦那に早く帰ってもらっているので大丈夫です
最近遅いですねぇ
どうしたのですか？
えぇ 子育てで大変なのは私だけじゃないですから
あぁ マチコさんですね
まだ確か時短勤務では？
今日も3時に仕事を山ほど置いて帰っちゃいました！
その仕事がここに？
えぇ
私も以前時短だったから気持ちがわかるんです

それに私は
管理職
ですから
やるしか
ありません!
なるほど
ヒマワリ
さんが
やるしか
他に方法がない
と
そう思われている
え?
他に方法
あるんですか?
いや　わかり
ませんよ
ただ
決めつける
前に少し考えて
みてもいいの
かな　と
じゃあ
ココロさん一緒に
考えてくださいよ!
喜んで
…
3時に
マチコさんが
時間通りに
帰った
そのときの
会話を再現
していただけ
ますか?

はい 3時近くに なって 私 大丈夫かな と思って チラッと見たんです
あー 終わらない どうしよう
なるほど それで？
私が
どう したの？
と聞いたら 彼女が
お客さんから 電話がかかって くることになって いるんですけど 私 もう行か ないと！
って言うんです
ヒマワリさんは どう答えたん ですか？
『それは 困ったわね じゃあ 私が 代わりに電話に 出ましょうか』 って言ったんです
そうしたら？
いいん ですか？ 助かり ます！
これ 電話 かかって きたら内容確認して もらって 修正が あれば修正して 明日までに送らなく てはいけないんです
電話だけかと 思ったら その後も あったんです

おやおやそれは驚きますね それで どう答えたのですか？
もう 彼女がソワソワしているのがわかったので『後は私がやっておくわ』って答えたんです そうしたら 彼女速攻で走って帰っちゃいました
なるほど
そんなやりとりがあったんですね
はい 正直 あきれてしまいました
でも 私がやるしか他に方法がないから
マチコさんはヒマワリさんに『電話と書類お願いします』って言ったんですか？
うーん はっきりとそうは言われていないような ただ 雰囲気はそんな感じで
ヒマワリさんは空気を読んで巻き取ったと？
まぁ そうなりますね
マチコさんの葛藤と責任を一手に引き受けて背中に背負ったんですね
そう なりますね
責任
葛藤
なるほど 重いでしょ 今 背中
はい めっちゃ重いです！ 私 自分の仕事も子供と旦那の世話も他のメンバーの世話も焼かなくちゃいけなくて
マチコ
旦那
子ども
自分
わぁ！なんか本当に肩が重くなってきた！

マチコさんから引き受けた荷物に意識を向けてもらえますか？

重いです！

その荷物　今マチコさんはどれだけ背負っているでしょうか？

？

ゼロです！

私が全部持っていますから！

ヒマワリさんは上司としてマチコさんに本当はどうあってほしい？

荷物ゼロ？

いえ違います！仕事と子育ての両立は本当に大変ですでもだからこそそれを投げ出さずにギリギリまで葛藤してほしいんです
もちろん　私も周囲もサポートは惜しみません
今のままでは単に放り出しただけでしかないので……それでは困ります
なるほど
どうします？その荷物？ヒマワリさん一人で背負い続けますか？

え？そう言われると……

でもマチコさんが背負うのは無理だから…

マチコさん
無理って言いましたか？

でも　そんなの無理に決まっている……

あ！私決めつけてますね！

その荷物マチコさんと二人で分けることはできないのでしょうか？

あ！確かに！分けることもできますね！

考えつきませんでした！

もしも、分けたらどうなりますか？

マチコさんの成長につながると思います
彼女も昇進したいって言っていたし
他のメンバーと分けるという手はありますか？

あ！それもあるかも！

ココロさんどうしてそんなに次々と思いつくんですか？

どうしましょ？

明日　早速マチコさんと話してみます！

なるべく彼女に考えさせて選択肢を提示した後に彼女はどうしたいのかをまずは聞いてみます
さすがです
よし！なんか馬力が出てきたぞ！とっとと仕事片付けて帰るぞ！待ってろよ！旦那！息子！

## ●レポートではなくエピソードで聞くと互いに見えてくる

私たちが職場で行う会話のほぼ100％はレポートです。レポートとはできごとを抽象的に要約し左脳（言語、数字を扱う論理的な脳）的にまとめたものです。「マチコさんが時短勤務なので仕事を山のように残して帰ってしまいました」。このように要約した会話だけで職場は成り立っているのです。カウンセリング型コミュニケーションでは、このレポートを「何月何日何時何分」に起きた一度きりの一瞬のエピソードに転換して右脳（映像、イメージを扱う感覚的な脳）的に映像化します。先のケースでココロさんが「マチコさんとの会話を再現してもらえますか？」と質問したのがそれです。ココロさんは途中でヒマワリさんが話をレポートに戻しそうになるのを辛抱強く誘導し、会話のやりとりを最後まで再現しました。

するとヒマワリさんが語っていたレポートとは異なる風景が見えてきました。マチコさんは仕事を残して帰ったのではなく、ヒマワリさんが自分から巻き取ることを申し出たのです。彼女はそれに気づき、「いつも自らが責任を背負い過ぎてしまう」という自分自身が持つ癖に気づいていったのです。

## しっかりと共感した後ならばコーチングの質問が効いてくる

先のケースで起きたのは外在化です。外在化とは人が悩みとくっつき過ぎて一体化しわからなくなっている状態から悩みそのものを引き離し、いったん外に置くことで冷静に眺められるようにすることです。エピソードを聴くことでそれが起きるのです。

また、エピソードを丁寧かつ受容的にココロさんに聴いてもらうことで、ヒマワリさんの中でココロさんに対する信頼が芽生えてきます。人は自分を理解してくれる人、自分を否定せずに受容してくれる人を信頼します。そして、信頼してくれる人の言葉を受け容れるのです。

ここまで来ればココロさんの助言や質問によるコーチングも有効となります。まずはカウンセリングで心を落ち着け、信頼関係を積み重ねる。その後ならば解決策を見つけるのは容易になるのです。

## 具体策は言わず視点や考え方だけを提案し、自己決定を大切にする

カウンセリングで心をゆるめたらコーチング的質問もティーチング的アドバイスもスッと相手の心に入ります。だからといって、あまりにもそちらに偏ってはいけません。ココ

ロさんの助言は基本的には具体的解決策ではなく視点や考え方を提示しているだけです。

カウンセリング型コミュニケーションで提案を行う際は相手の自己決定を重視します。人は自分で決めた時にだけそれを継続し結果に責任を負います。人から押しつけられた内容は続けることができないし、他人事として無責任になりがちです。ですから、このスタイルを行う際には徹底して自己決定原則（詳細はＰ１００）を守らなければなりません。

そして、提案はココロさんのように一般的な視点や考え方の提供にとどめ、それを解決策へと具体化するのは相手の能力を信頼して委ねることが望ましい。ココロさんはこのようなセオリーを守っているからこそ、次々とミラクルが起きるのです。

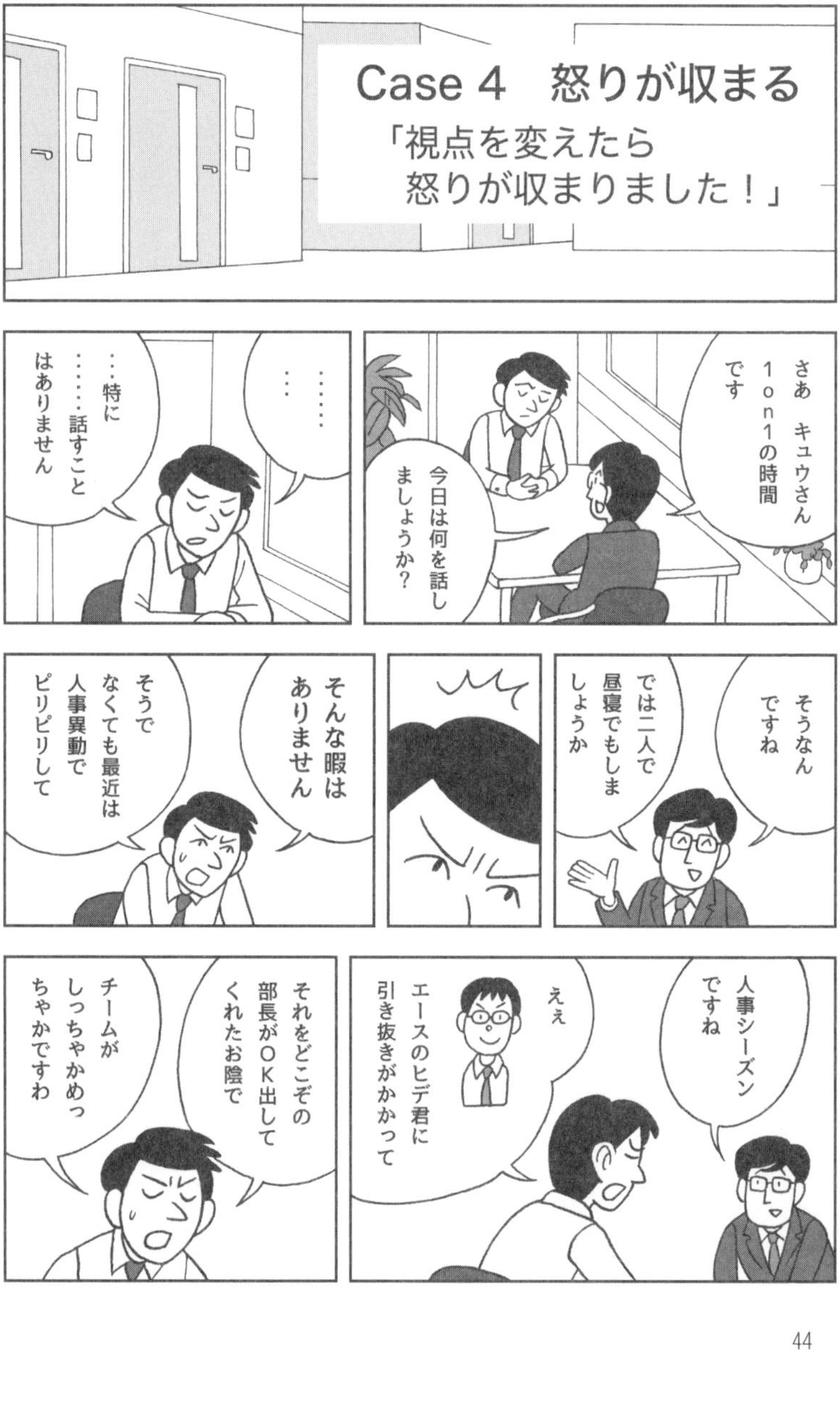
Case 4　怒りが収まる
「視点を変えたら怒りが収まりました！」
さあ　キュウさん　1on1の時間です
今日は何を話しましょうか？
……
…特に……話すことはありません
そうなんですね
では二人で昼寝でもしましょうか
そんな暇はありません
そうでなくても最近は人事異動でピリピリして
人事シーズンですね
ええ
エースのヒデ君に引き抜きがかかって
それをどこぞの部長がＯＫ出してくれたお陰で
チームがしっちゃかめっちゃかですわ

おや
そんな部長が
……
あ　私のこと
ですね
私が反対した
のに強行突破する
とは……
強行突破
された　と
感じているの
ですね
私は　キュウさんも
私も異動には反対　と
人事に伝えましたよ
しかし
事業部長の
経営的判断で動かす
ことになった
ヒデ君は
異動させ
るぞ
それがキュウさんには
強行突破に見える
経緯は聞き
ましたよ
ただ　納得
するかどうかは
また別の話です
確かにキュウさんの
意見が通らなかった
のは事実です
キュウさんは
聞いてもらえ
なかったように
感じて納得できない
そうです
事業部長は聞いて
くれなかった
そして
ココロさんも
大切なプロジェクト
を預かる責任者
のキュウさん
としては
エースを抜か
れるのは痛い

確かにそうですが それだけでは ありません
ヒデ君も うちでもっと やりたい と 言っていたのです なのに……
僕まだ このチームでやりたいです！
キュウさんは プロジェクトを大切にし さらには ヒデ君の気持ちも大切にしていた
キュウさんにとって ヒデ君のことが二重に大切だったのですね
ヒデくん
プロジェクト
そこまでわかっていて なぜ ココロさんは……
キュウさんがいちばん大切にしていることは何でしょうか？
大切にしていること？
今言ったばかりじゃないですか プロジェクトを仕上げる責任とヒデ君がうちで成長することですよ
なるほど明確ですね
では それを事業部全体に責任を負う事業部長の立場で置き換えてみるとどうなるでしょうか？
ん？僕が事業部長だったらということですか？
うーん

事業部全体のたくさんのプロジェクトが全部うまくいくこと
事業部
プロジェクト
事業部全体の社員一人ひとりが全員成長できること
そういうことでしょうか
なるほど事業部長はそう考えているでしょうね
では、今回のキュウさんが言うところの『強行突破』は事業部長の視点からしたらどうでしょうか?
意思決定は失敗?
うーん確かに……
ヒデ君の異動先は全社でも最も力を入れていく新たな注力分野です
収益源
注力分野
守り
攻め
一方で私のチームは既存の収益源ヒデ君が行くチームが『攻め』とすれば私のチームは『守り』
会社としてはエースを『攻め』に回すのは仕方ないかもしれません
全員の成長はどうでしょうか?
確かにヒデ君はうちにいるよりも成長できるかもしれません

事業部長が考えるのは事業部全員の成長です
ヒデ君以外はどうでしょうか?
ヒデ君が抜けたらそれは痛いのは確かです
でも もしかしたら他のメンバーにとっては活躍のチャンスかも……
他に誰かいませんか?
他?
あぁ 私がいますね
どうしました?
わかりました
私にも成長しろ と そういうことですね
さて
どうでしょう?
よくわかりました いつまでも自分のチームばかり見てすねているなよ と
全社的な高い視点を持って おまえも成長しろよ と そういうことですね

どうでしょう?
事業部長の心の中は私にもわかりません
わかりましたよ ヒデ君のことはあきらめます
いや ヒデ君のためにも全社のためにもぜひともヒデ君を使ってやってください
さすがです
その代わり次の部署でヒデ君がうまくいかなかったら私がもう一度彼を引き取ります
うまくいかなかったら…それをイメージしているんですね?
あ! うーん……うまくいかなかったら……
わかりましたよ!
その前にうまくいくようにバックアップします
さすがです
なんかうまく丸め込まれちゃったような気がするなぁ
まぁ いっか
なんかスッキリしました
であれば私も嬉しいです
さぁ デスクに戻りましょうか

## 図星を指されると人は笑い出す。認識反射とは？

アドラー心理学における教育理論を体系化したルドルフ・ドライカース（1897−1972）は認識反射について言及しています。人は図星を指されるとニヤリと笑う、というのです。

先のケースでココロさんからの質問に答えているうちに「痛い所を突かれたな」と思ったのでしょう。自分の視点の低さに気がつき、キュウさんは何度もニヤリと笑っています。これが認識反射です。

## 近すぎると見えない。虫の視点、鳥の視点

私たちは悩みを抱えている時、多くの場合視座が低くなり、視野が狭くなっています。問題とくっつき過ぎていると、問題が見えなくなります。いったん距離を取って、クローズアップではなく俯瞰でものを見ることが大切です。

一般的にクローズアップした距離が近い視点を虫の視点、ロングショットで俯瞰した距離が遠い視点を鳥の視点と言います。またコーチングでは、これをアソシエイション、ディソシエイション、と対比して呼びます。いずれの視点も大切です。

悩みが強く問題を冷静に見ることができなくなっている時は、距離を取りディソシエイションすることが大切です。しかし、逆に冷静に俯瞰し過ぎて、相手の気持ちがわからなくなっている時は、虫の視点でアソシエイションすることが重要です。要は視点を高くしたり、低くしたり、視野を狭めたり、広げたりと、動かすことが重要なのですね。

ところが、言うは易く行うは難し。硬直化した視座や視野を動かすには、誰かの力を借りることが有効です。それこそがカウンセリング型コミュニケーション。本書でその理論や技法を身につけていただき、部下や後輩の力になれる存在を目指していただきたいと思います。

## ●コンフロンテーション（対決・直面化）し、焦点をあてる

人間性心理学を中心としつつも、特定の学派にこだわらず柔軟な折衷主義（eclecticism）により様々な心理療法・カウンセリングの技法を統合し体系化したのがマイクロカウンセリングの提唱者アレン・アイビィ（1933-）です。アイビィがまとめたように、多くの学派ではコンフロンテーション（対決・直面化）や焦点をあてる、などの技法を用います。先のケースでココロさんがキュウさんの矛盾を見逃さず、あえてコンフロンテーションしました。「キュウさんが言うところの『強行突破』は事業部長の視点

からしたらどうでしょうか。意思決定は失敗?」「ヒデ君以外はどうでしょうか? 他に誰かいませんか?」これはコンフロンテーションであり焦点をあてる、とも言える技法です。

このようにカウンセリング的コミュニケーション技法は、受容的な共感を基本としますが、必要に応じて、矛盾に直面化させたり、違う視点に焦点を合わせます。気づきを重視するのです。

Case 5　悩みが消える
「悩む必要なかったんだ！」
CAFE
ココロさん！聞いてくださいよ！
ヒマワリさん今日もお元気そうで何より
ん？私はいつだって元気です！
それよりちょっと今いいですか？
もちろん
CAFE
昨日からずっとモヤモヤしていることがあって
ぜひアドバイスもらおうと
何かあったのですね？

ええ 実は 昨日
チームの野比さんとクライアントへプレゼンに行ったんですね
その場でのことなんですけど
ほぉ 野比さんとプレゼンに
そしたら野比さん
またまたこれやっちゃったんです
これ
肘をつく
お客様の前で？
コクリ
あまり誉められた態度ではありませんねぇ
もう 口が酸っぱくなるほど言っているんですけど！ 何度言っても伝わらないんです！
イライラしますねぇ
実は前日にチーム会で注意したばっかりなんです
なのにまたやってるから もう悔しいやら情けないやら！

立て肘をつくという癖について
前日に注意したにもかかわらず翌日同じことをやられてしまった
それを見て悔しいような腹が立つような
そうなんです！言ったばっかりなんですよ
言い方が悪かったのか私が嫌われているのか……
どうすればいいんでしょうか
言い方の問題なのか嫌われているからなのかどうしていいかわからなくなった
ワシャ
ワシャ
そうなんです！
うーむ……
もしかしたら……なんですが
うん？
もしかしたら……？

自分が注意したのに野比さんの癖が出てしまったのは
自分のせいだと思っていませんか？
ええ!?
違うんですか？
!
グフッ
ゴ
ゴホッ
ゴホッ…
ゴホッ
ハ〜
もう一つ
もしかして野比さんの癖注意すれば直ると思っていませんか？
はい
え？違うんですか？
えー私勘違いしている？そういうこと？
ヒマワリさん
癖ってどういう意味でしょうか？

癖?無意識でやっちゃうこと?
無意識で何度も繰り返してしまうこと?ですか?
そうですよね
無意識で
それって注意すれば直るものでしょうか?
あ!
プッ
そうだ!無意識だからわからない!
そして言われても直らないから癖なんだ!
そうですよね もし 代わりに私が注意したとしてもすぐに直るとは思えません
そっか!私の問題じゃなかったんだ!
じゃあ誰のせいでしょう?
うーん私じゃない
でも野比さんもわざとやっているわけじゃないから・・・
もしかして誰も悪くない?

そうだ！
誰も悪くないんだ！
そうですよね
そう言えばこの話一年前にもヒマワリさんとお話したような気が
あ〜〜〜！そう言えば考課面談のときに
私が何でもかんでも自分のせいにして悩みすぎると指摘いただきましたね！思い出しました！
はい そして同じことが今 またヒマワリさん自身に起きているのでは？
はい！
まさに！
これ ヒマワリさんの癖
ですね
はい 私の癖です
あぁ〜〜！
癖は無意識だから指摘しても直らない？
無意識
ヒマワリさんもそう野比さんも
確かに！私だって直っていないのに 私 野比さんの癖を直そうとしてました！

直らないから癖なんですよね
ココロさん 癖って「肘をつく」みたいな行動の癖もあれば
考え方の癖もあるんですね
はい 考え方の癖を心理学ではビリーフなんて呼ぶ人もいますね
そして極端なビリーフをイラショナルビリーフ
非合理的な信念なんて呼ぶことも
irrational belief
あ それ 私かも
野比さん どうしましょうか?
今度お客様の前でやったらツンツンとやって教えてやります でも 直そうと焦らない
焦らない焦らないいいですねぇ
あ! 次のアポイント忘れてた!
ココロさん ありがとうございました!
じゃあ 先に行きますね!
あ〜スッキリした!

## 思考、感情、行動、身体反応はビリーフが決める

古典的な学習理論パラダイムでは、刺激が反応を生むというS-R理論（Stimulus（刺激）-Response（反応））を人間に当てはめ、条件づけという学習により行動を変えようとしました。しかし、機械や動物とは違い、人間は条件づけだけでは動かない、ということがわかってきました。人間には心があるからです。

現在、うつ病へのカウンセリングなどで最も多く使われているのが認知行動療法（Cognitive Behavioral Therapy）です。この心理療法を体系化したアーロン・ベック（1921-）らは、認知理論パラダイムという大きな潮流を作りました。

私たちの悩みのもとである感情（情動）や行動、身体反応はできごとや刺激（上司に叱られた、など）が作り出すのではなく、それをどのように捉えるかという認知（叱られたら人生終わりだ、など）が引き起こす、という考えです。

## 信念・価値観に触れると気づきが起きる

認知理論パラダイムの考え方は、できごとや刺激を引き起こさないようにするのではなく、捉え方、認知を柔軟にする（叱られたからといって私がダメな人間と決まったわけで

はない、誰でも叱られることはある、など）ことで症状を和らげていきます。

本ケースでも、ココロさんは前半でたっぷり受容、共感した上で、後半はヒマワリさんが気づいていないビリーフとも呼ばれる捉え方、認知（本書ではわかりやすく信念・価値観と呼ぶことにします）に触れ、大きな気づきを生み出しました。

この信念・価値観は「考え方の癖」であり「性格」「人格」「パーソナリティー」に限りなく近い存在です。ですから、自分でも気づいていなかった信念・価値観に触れることで人は「自分でも気づいていなかった自分」に気づきます。つまり、気づきとは「問題解決策」に気づくのではなく「自分自身」に気づくこと。自分を再発見することなのです。

すると、心理学派の一大潮流である人間性心理学の治療目標である「自己一致」（こうあるべき、と思っている自分と実際の自分の体験が統合されてずれがなくなること）が起き、心の健全さがもたらされる。悩みが消え、スッキリとするのです。

## 気づきを統合すると全人格的な成長が起きる

このように、今まで気づいてもいなかった自分の奥底にある信念・価値観に気づき、それを受け容れ統合することで全人格的な成長が起きます。すると、これまで人生の中で何度も繰り返されてきた問題や失敗が少しずつ起きなくなります。それにより、生きづらさが減り、穏やかな人生、幸福感を感じることが増えてきます。その変化はゆるやかに少しずつ「いつの間にか」起きます。それこそがカウンセリングのゴールです。カウンセリングとは心の病を抱える人の治療を行うだけが目的ではなく、ちょっとした生きづらさを抱える健常者に人生の穏やかさと全人格的な成長をもたらすものなのです。

# 第 2 章

# 職場で使える三つの技術

## カウンセリング、コーチング、ティーチング

本書で学ぶ「職場で使えるカウンセリング型コミュニケーションの技術」。従来、私たちが使ってきたコーチングやティーチングと、どのように違うのでしょうか。先の5つのケースを「コーチングなら、このような結末」「ティーチングなら、このような結末」とマンガで示し、違いを明らかにしていきたいと思います。

＊カウンセリング、コーチング、ティーチングの違いを際立たせるために、差異部分を強調して表現しています。実際は、カウンセリングとコーチングの間には多くの重複があり、厳密に切り分けはできないことをご理解ください。

Case 1の結末はどう変わる？
もしもコーチングだったなら
最近仕事に追われてまともに眠れてないんです……
それは問題ですね
もう少し詳しく教えてもらえますか
リモートワークになってから
打合せや会議が隙間なく入っていて……
MTG
MTG
MTG
MTG
MTG
ビッシリと詰まっているんですね
もしもコーチングだったなら
具体的には何時頃からどれくらいの数の会議が入っているんですか？
朝9時から夕方まで昼ご飯を食べる暇もないほどです
5～6本はあります

そんなに・・・
ではどれくらい減らしたら望ましい働き方になりますか？
うーんそうですね普通に家族とご飯が食べられて睡眠不足にならないような生活であれば
今はどちらもできていないですから
では、その場面をイメージしてみてもらえますか？
何が見えますか
……
家族でゆっくり食事している姿が浮かびました
活力がわいてくる感じです
ほぉそれはいいですね
ではその状態を実現するためにどこから手をつけたらいいでしょうか？
まずは無駄をなくすこと
それから仕事のスピードを上げることでしょうか
ほお明確なんですね
ではシズカさんにとって『これは無駄だなぁ』と感じるのはどんな場面でしょうか？

うーん……
私が出なくてもいい会議が結構多いんです
それをなくしたいですね
では出なくても良くなったとイメージしてみましょう
どんな気分ですか?
だいぶゆとりができそうです
それは良かった
では仕事のスピードを上げるためにできることは?
私自身の
スキルアップでしょうか
何のスキルが上がれば生産性が上がりますか?
Skill
?
企画のプレゼン成功率が良くないんです

プレゼン力とか企画書作成力とか
企画書
そういう力をつけたいです
素晴らしい
もし　そのスキルが上がったらどうなりそうですか？
Skill UP
はい
資料作成の時間が減ってゆとりができそうな気がします
どうやってスキルアップしましょうか？
How
はい
社内研修で企画力研修があるのでエントリーして参加してみたいと思います
企画力研修
月　日
いいですね！
シズカさんからエネルギーを感じます

Case 5の結末はどう変わる？
もしもコーチングだったなら
CAFE
昨日チームの若手の野比さんとクライアントへプレゼンに行ったんですね
で その場でのことなんですけど
野比さん またまた これやっちゃったんです
これ
肘をつく
もう口が酸っぱくなるほど言っているんですけど！ 何度言ってもわからないんです！
もしもコーチングだったなら
今まで どんな方法で指導してきたんですか？
お客さんの前では言えないので帰り道とかあと社内でやっていたら注意しています
反応は どうでしたか？
あ！すみません！
という感じで
本人も良くないとは思っているみたいで

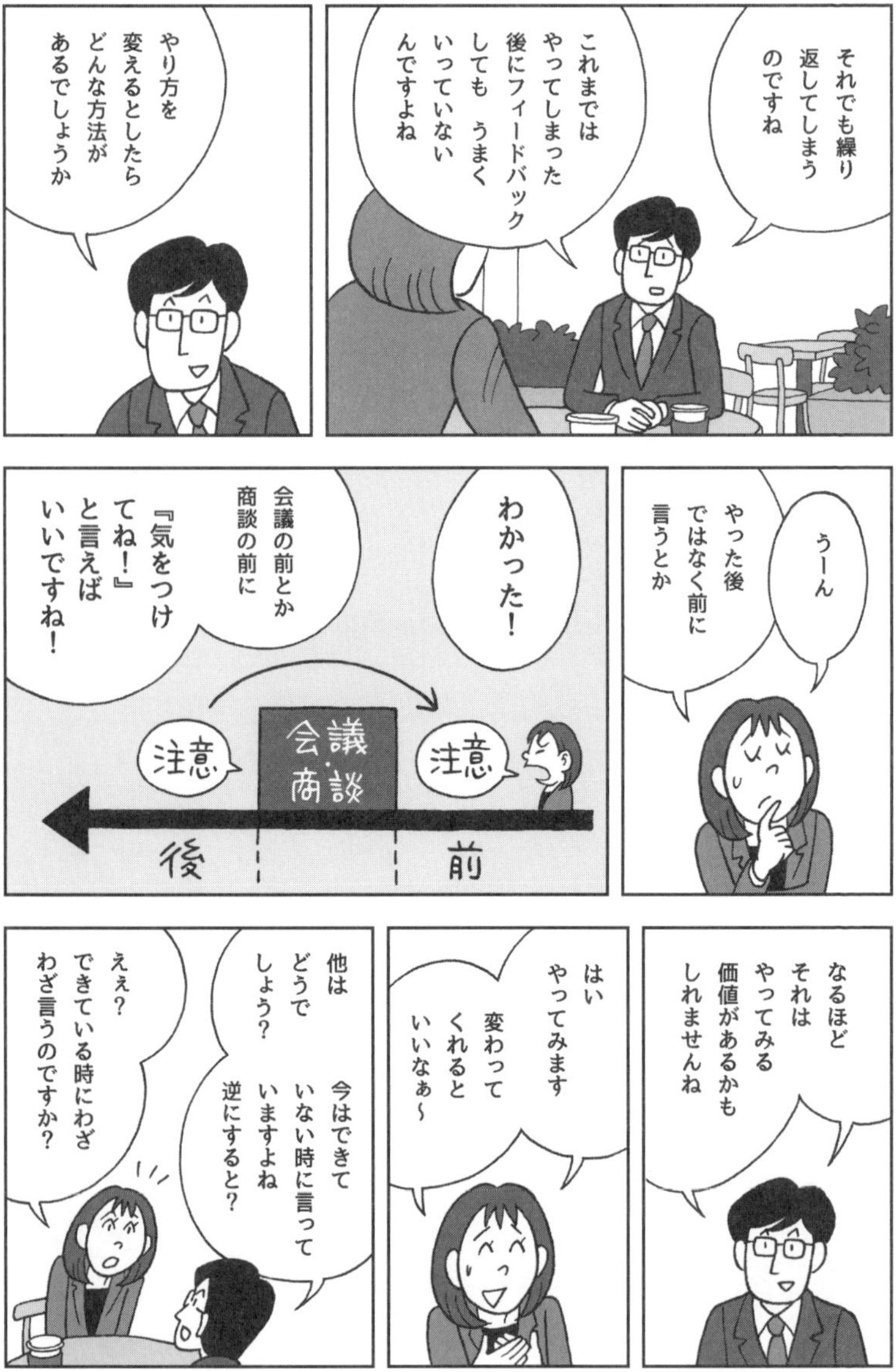
それでも繰り返してしまうのですね
これまではやってしまった後にフィードバックしても　うまくいっていないんですよね
やり方を変えるとしたらどんな方法があるでしょうか
うーん
やった後ではなく前に言うとか
わかった!
会議の前とか商談の前に『気をつけてね!』と言えばいいですね!
注意
会議・商談
注意
後
前
なるほど　それはやってみる価値があるかもしれませんね
はい　やってみます
変わってくれるといいなぁ~
他はどうでしょう?
今はできていない時に言っていますよね　逆にすると?
ええ?
できている時にわざわざ言うのですか?

『今日は肘をつきませんでしたね』とか
『今はついていませんね』とか
あ！それも考えたことがなかった！
でも　肘をつかないのは当たり前ですよね？わざわざ言うようなことなんでしょうか？
人は注目された行動が増えるのです
ついていない時に注目するとそれが増えていきます
なるほどやってみます！
肘をついていない
他の方法はありますか？
そうですね……
『伝える』を『伝えない』に…変える…？
うん？…黙っているということ？
伝えないは何も言わないとは限りませんよね
あ！そうか
答えを伝える代わりに質問をして気づいてもらうとか！
なるほどいいですね
やってみたいです！
ありがとうございます！

# 1 コーチングではこうする

## コーチングのゴールは目標達成

カウンセリングとコーチングで一番大きな違いはゴールです。臨床心理学四大パラダイムの一つである人間性心理学におけるカウンセリングでは、自分で気づいていない本当の自分に気づき、それを統合することによる全人格的な成長＝自己実現を目指します。そのために、目の前にある悩みや問題を解決しない場合も多くあります。先の例で見た通り、解決しなくても解決策が降りてくる。悩みそのものが不要とわかる、などのミラクルが次々と起きるからです。

一方でコーチングは悩みや問題を正面から解決していきます。コーチングのゴールは目標設定と解決策立案による目標達成支援にあります。これは大きな違いです。

このゴールの違いはありとあらゆるところに現れます。例えば、カウンセラーは物静かで言葉数が少なく穏やかに話すことが多いでしょう。一方でコーチはポジティブで笑顔が多く、明るく、エネルギッシュに見えることが多いでしょう。

カウンセリングでの気づきとは自分でも知らなかった自分の感情や信念・価値観への気づきです。一方でコーチングでの気づきとは、自分が達成したい目標や解決策への気づきです。この違いはゴールの違いから起きていることを理解すると理由が見えてくるでしょう。

## ●問題や悩みではなく解決に焦点をあてる

もう一つわかりやすい点は、悩みをじっくりと聴くか、聴かないか、という点にあるでしょう。カウンセリングでは、悩みや問題に寄り添いじっくりと聴きます。一方でコーチングは悩みをまったく聴かない、というわけではありませんが、カウンセリングに比べればかなり早いタイミングで聴くことを打ち切ります。そして、素早く「では、どのような状態になるとワクワクしますか?」などと、ゴールの設定へと切り替えるのです。

コーチングの基本的なステップにGROWモデルというものがあります。そのステップはGoal（目標設定）⇒Reality（現状）&Resource（資源確認）⇒Option（解決策立案）⇒Will（意思の確認）と進みます。つまりすべてはゴール設定から始まるのです。

## ●チャンクダウン・チャンクアップで手段と目的を上下動する

チャンクとはかたまりのこと。コーチングでは漠然とした目標をより細かく具体的に砕くチャンクダウンをよく用います。例えば「生産性を上げる」という大きなかたまりの目標を細かく砕くと「無駄な業務をなくす」「スキルを上げる」という二つに分解され、より具体的になるわけです。チャンクアップは逆に小さな目標を大きな目標に上げること。例えば「新商品を販売する」という目標をより上位の社会的使命、目的へと水準を上げることで「新商品を使ってもらうことにより社会の不便を解消する」という大きな「志」レベルに持ち上げ、モチベーションを高めるのです。

一方で、カウンセリングではチャンクダウンやチャンクアップを使わない場面の方が多いでしょう。なぜならばこのやりとりは左脳を用いた論理的な理性を優位にするからです。人間の脳は左脳を用いた論理と右脳を用いた感情を同時に扱うことができません。論理が優先になると感情を感じられなくなってしまうのです。人間性心理学におけるカウンセリングでは「意図的な感情表出」や「言葉にならない気持ちや感覚」をきっちりと感じ取ること＝コンタクト（P１１２にて詳述）を重視します。右脳的な感情を感じるためには、左脳的な思考を止めることが必要です。そのためには、チャンクダウンやチャンクアップなどの論理的アプローチをできるだけ排除しなくてはなりません。それにより「べき論」（Shouldism）から脱却し「自然体」（Organic）に戻ることで、その人が本来持っている能力、活力、魅力へとコンタクトし、生態学的および対人関係的なホメオスタシス（恒常性維持機能）が高まると考えるからです。

コーチングとカウンセリングではゴールが異なるためアプローチも異なってきます。

## 映像化を活用しポジティブ・エネルギーを引き出す

コーチングで頻繁に使われるのが映像化の技術です。いつ、どこで、誰が、何を、どのように、という5W1Hによる質問を使ってゴールを映像化し、湧き起こるポジティブなモチベーションを引き出すのです。一方でカウンセリングはこの映像化をポジティブに限定せずネガティブな場面にも用います。怒り、悲しみ、淋しさ、落胆、焦りなどネガティブな感情に蓋をして抑圧しているその蓋を外し、ネガティブを認め受容、共感するのです。

このようにカウンセリングとコーチングは、そもそもゴールが異なり、それにより、雰囲気や調子、使われる技法までもが違ってくる。その両者の違いをわかった上で、場面に応じて使い分けることが重要だと私は考えています。

Case 1の結末はどう変わる？
もしもティーチングだったなら
最近仕事に追われてまともに眠れてないんです……
それは問題ですね
もう少し詳しく教えてもらえますか
リモートワークになってから
MTG
MTG
MTG
MTG
MTG
打合せや会議が隙間なく入っていて……
ビッシリと詰まっているんですね
もしもティーチングだったなら
まずはムダな仕事を思い切って削りましょう
例えば会議とか
私が出なくてもいい会議が結構多いんです
それをなくしたいですね

明確じゃないですか
外してもらうことはできそうですか？
うーん
プロジェクトリーダーがどう判断されるか
私では決められませんので
それはそうですね
ただ相談することはできると思いますが
はい
ダメ元で一度相談してみます
いいですね
他にありますか？
私でなくてもできる雑用が結構多くて
若手に頼みたいのですが
遠慮は不要ですよ
あなたでなくてもできることを若手にお願いして
シズカさんはさらに上のレベルの仕事をした方がいいように思います

そうすると 若手も シズカさんも
全員がステップ アップになる… どうでしょう?
はい わかります ……
ただ ちょっと 頼みにくくて ……
なるほど では私とみんな で話し合いを しましょう
日程調整を お願いします
はい
さて もう一つ
生産性を 高める方は どうですか?
スキルアップ とか
あの本 読みましたか? 『企画プラン ニングの○○』
以前 勧めた と思いますが
企画 プランニング の○○

いえ…
まだ読めて
いません
すみません
あの本は
お勧めです
企画力の
基礎が身につく
と思いますよ
はい　今度こそ
読んでみます
それと　社内
研修で企画力研修
があるのでそれにも
エントリーしてみよう
かと思っています
いい
ですね
使えるものは
どんどん使ったら
いいと思います
ちなみに　企画力
と言えばヒマワリ
さんの企画書は勉強
になると
思います
見せてもらったことは
ありますか?
いえ
スゴイよ
と噂は聞いて
いますが
では　彼女に
頼んで企画書を
コピーさせて
もらったら
どうでしょうか!
それから
「企画書をどう
やって作っているか」
じっくり話を聞いても
いいかもしれません
企画書
確かに
そうですね
ありがとう
ございます
いろいろと
やってみます

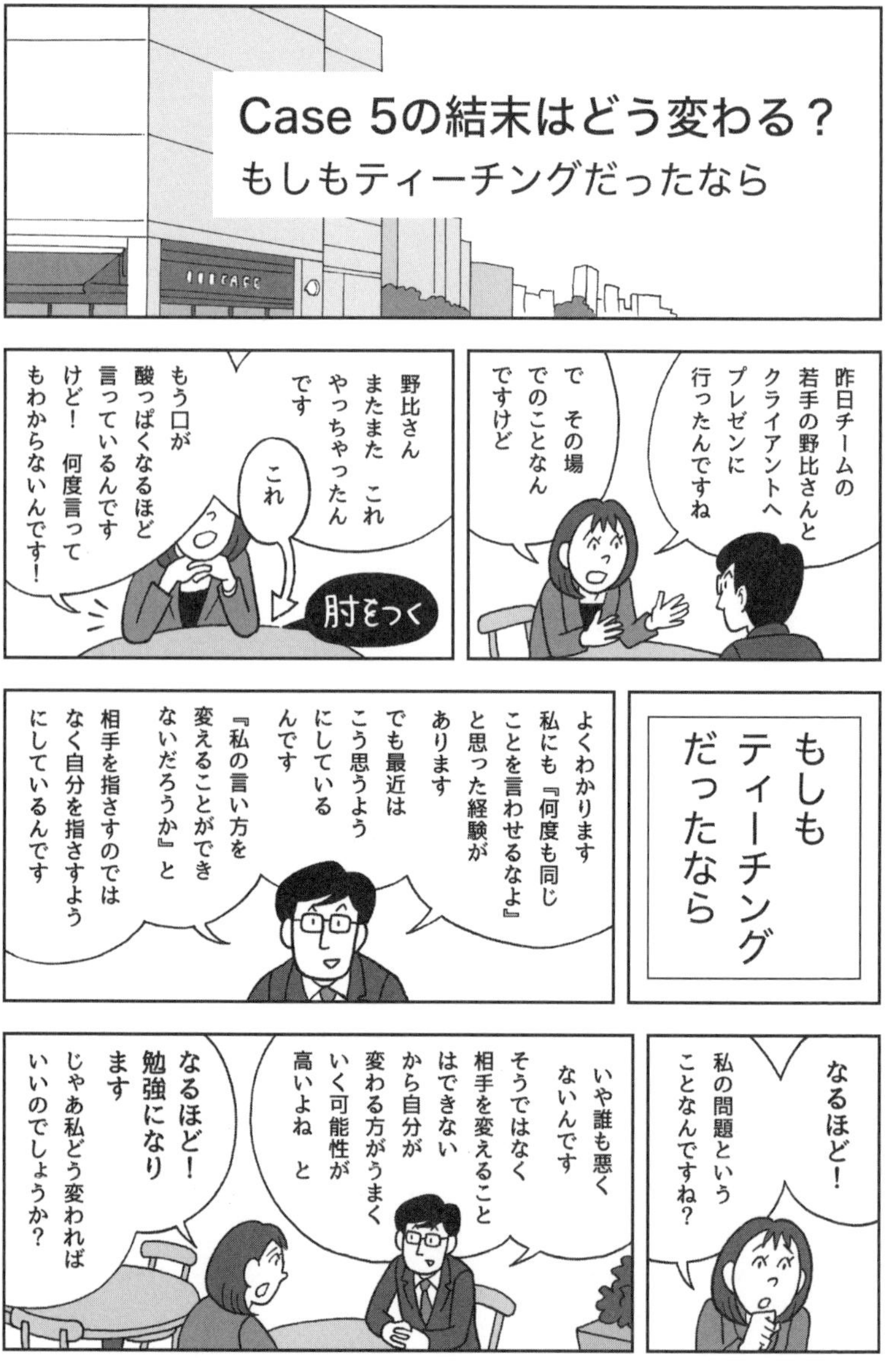
Case 5の結末はどう変わる？
もしもティーチングだったなら
昨日チームの若手の野比さんとクライアントへプレゼンに行ったんですね
で　その場でのことなんですけど
野比さん　またまた　これやっちゃったんです
これ
肘をつく
もう口が酸っぱくなるほど言っているんですけど！　何度言ってもわからないんです！
もしもティーチングだったなら
よくわかります　私にも『何度も同じことを言わせるなよ』と思った経験があります　でも最近はこう思うようにしているんです
『私の言い方を変えることができないだろうか』と　相手を指さすのではなく自分を指さすようにしているんです
なるほど！
私の問題ということなんですね？
いや誰も悪くないんです　そうではなく相手を変えることはできないから自分が変わる方がうまくいく可能性が高いよね　と
なるほど！勉強になります
じゃあ私どう変わればいいのでしょうか？

やってみなければわからないんです
相手にもよるし上司の性格やタイプにもよるし
過去の上司部下の関係性の蓄積によっても違う
確かに
ということは過去にココロさんがやってうまくいったやり方が
必ずしも私に合っているとは限らない
そうです
逆に私がヒマワリさんのマネをしてもうまくいかないかもしれない
確かに！なるほどねぇ
だからマネジメントは難しいんですね正解が一つじゃない
GOAL
1
2
3
4
いいところに気づきましたね
その通りです
でどう変えたらいいでしょうか？

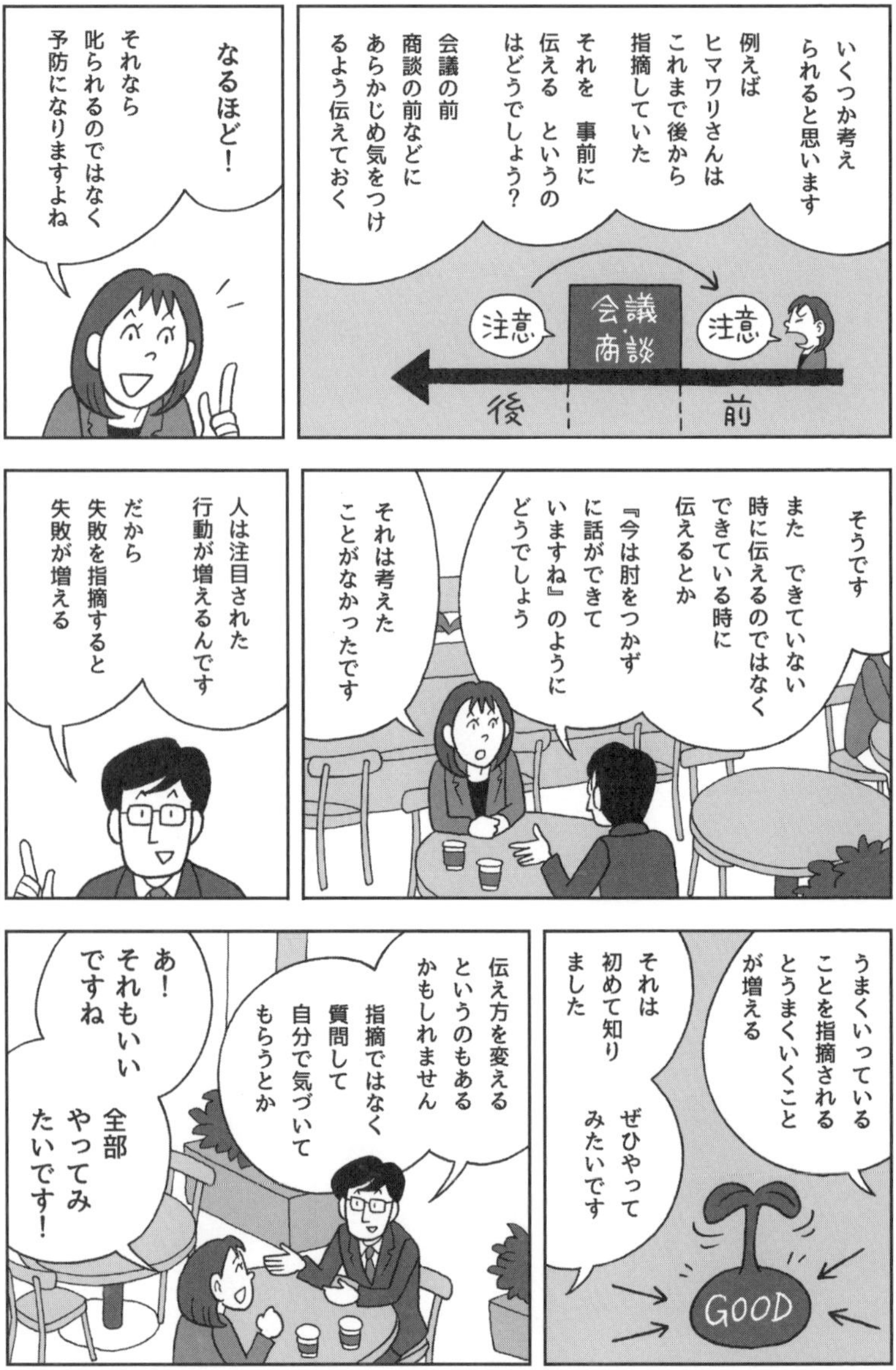
いくつか考えられると思います
例えば ヒマワリさんはこれまで後から指摘していた それを 事前に伝える というのはどうでしょう?
会議の前 商談の前などにあらかじめ気をつけるよう伝えておく
注意
会議・商談
注意
後
前
なるほど!
それなら叱られるのではなく予防になりますよね
そうです また できていない時に伝えるのではなくできている時に伝えるとか 『今は肘をつかずに話ができていますね』のようにどうでしょう
それは考えたことがなかったです
人は注目された行動が増えるんです
だから失敗を指摘すると失敗が増える
うまくいっていることを指摘されるとうまくいくことが増える
それは初めて知りました
ぜひやってみたいです
GOOD
伝え方を変えるというのもあるかもしれません
指摘ではなく質問して自分で気づいてもらうとか
あ! それもいいですね
全部やってみたいです!

# 2 ティーチングではこうする

## スピードが速く、知識経験がない相手には有効

カウンセリング、コーチングという技法は科学的かつ現代的な雰囲気があり、ティーチングには昭和世代の古くさい感覚がつきまとう、と感じるのは私だけでしょうか。

しかし、ティーチングが古くさく有効性が低いわけではありません。時と場合、そして相手の成熟度（知識、技術、姿勢、意欲など）に応じてはティーチングが最も適する手法の場合もあります。しかし、ティーチングにはスピードという強みもありますが、一方で弱点も存在します。それは強みを打ち消してしまうほどのリスクがあります。

確かにティーチングはスピーディーです。解決策や答えを伝える、という速度においては。しかし、伝える速度が速ければ、本当に解決も速いのでしょうか？

## 伝達はされるが腹落ち、納得は弱い

ティーチングのゴールは知識、技術の伝達ですが、それだけでは足りません。それが活用され成果を生んで初めて意味があるのです。確かにティーチングは「伝達」は速いです。しかし、その先に必要となる「腹落ち」「納得」「行動化」に弱みが存在します。

「時間がなくて悠長なことをやっていられない」「時間があればカウンセリングやコーチングをできるのだけれど」、このような声を多く聴きます。しかし、本当にカウンセリングやコーチングよりもティーチングの方が速いのでしょうか？　もしかしたら速いのは「伝達」だけで「腹落ち」「納得」「行動化」は遅いかもしれません。「急がば回れ」、それをわかった上で、安易にティーチングを選ばないように気をつけたいものです。

## 答えそのものを言わずに、ヒントを出し自己決定させる

ティーチングと一言で言っても、その技法には実に様々なものがあります。それらに共通するのは、答えそのものズバリを言わないこと。つまり、具体的な解決策を伝えるのではなく解決に至るヒントや視点、考え方を伝えるティーチングに徹する、ということです。これは、後に詳述しますが人は自分で決めた時にだけ責任を持ち、実行率が上がりま

す。逆に他者に決められると、無責任になり、実行率が下がってしまいます。

ですから、優秀な管理職はあえて答えを言わずにヒント、視点、考え方の提供にとどめ、具体的な解決策の立案や決定は部下に任せるのです。

老子の格言で「授人以魚　不如授人以漁」という言葉があります。「人に魚を与えれば一日食べさせることはできるが、釣り方を教えれば一生食べていける」という意味です。

ティーチングは魚を捕ってあげることではなく「捕り方」を教えるべきです。もっと言うならば「捕り方」を教え、実際に「捕ってみることを体験させる」ことです。ですから安易に答えを教えるのではなく視点、考え方の提供にとどめることが有効なのです。

## 3 三つの違いとは何か

いかがでしたでしょうか？　先のカウンセリングと比較すると、たどる道のりもゴールも異なることがよくご理解いただけたのではないかと思います。

では、三つの違いは何でしょうか。整理してみましょう。

**図表1**「カウンセリング、コーチング、ティーチングの対象者」をご覧ください。

一般的にカウンセリングは、精神疾患もしくは神経症（比較的軽度な生活のしづらさにつながる症状がある人）に対する治療と捉えられていますが、それは主にセラピー（心理療法）および投薬治療の領域であり、大いなる誤解です。欧米では、ちょっと「気分が優れない」「気になることがある」「イライラする」など、健常者の誰もが感じる、ちょっとしたマイナスな気分をきっかけにカウンセリングを受ける人が多いのです。

それは会社でも同じこと。日常的に気分がアゲアゲの人はいません。それをコーチングではなくカウンセリングで受け止めてあげることで生産性が大きく変わっていくのを実感

**図表1　カウンセリング、コーチング、ティーチングの対象者**

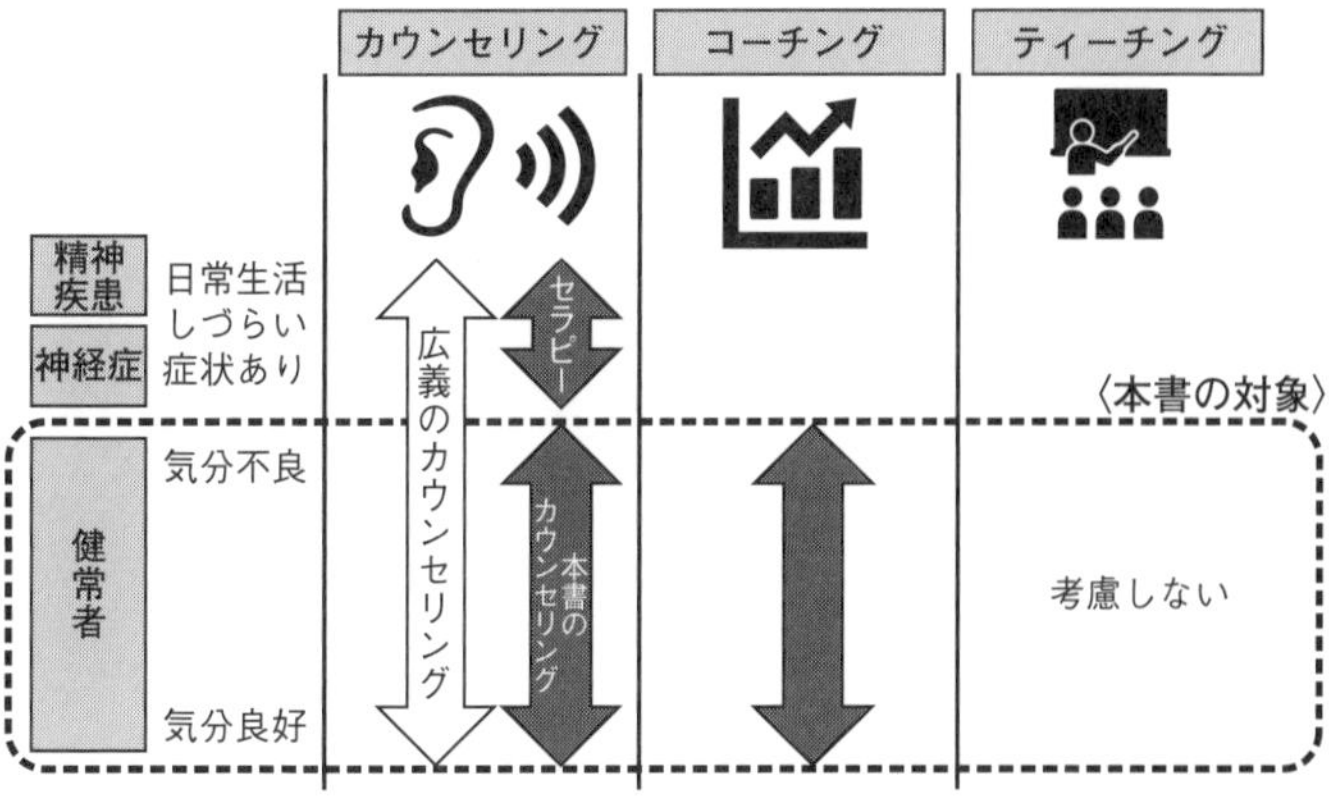


することでしょう。カウンセリングの対象者はちょっとした気分のマイナスを感じている人であり、そう考えれば、ほぼ全員が対象者である、と言っても過言ではないでしょう。

コーチングの対象者もほぼ同様です。ただし、マイナスな気分が強い時にコーチングの主たる目的である「目標の明確化と達成」を押し進めるのは逆効果となるでしょう。なぜならば、その目標自体がさらに相手を追い込み、マイナスな気分が強くなってしまうからです。ですから、カウンセリングの対象者と比較すると、マイナスの気分が強い時にはあまり適さないでしょう。そんなときこそカウンセリングの出番です。それにより、気分が軽くなり、なおかつ「目標を達成したい」という意欲が湧いてきた時に、コーチングへと切り替えるのが良いでしょう。

なお、ティーチングは、相手の状態を考慮しません。

続いて、**図表2**をご覧ください。それぞれの目的、主体、技術などをまとめてあります。

まずは目的（ゴール）からです。カウンセリングの目的は、「全人格的な成長」です。カウンセリングの多くは、相手が常日頃、感じないようにしている本当の感情やその奥底に隠れている信念・価値観（○○すべき、××してはならない、○○が大切、など）やニーズ（本当は○○したい、本当は××したくない）にそっと触れていきます。つまり、相手が認めたくない、気づいてもいない感情や価値観を表に出し、なおかつそれを受容、肯定していくのです。それは、自分の知らなかった本当の自分との出逢いと統合。まさに全人格的な成長なのです。

一方、コーチングのゴールは「目標達成」です。つまり、コーチングは相手が「達成したいと思う目標（多少曖昧でも良い）を持っていて」「それを解決するエネルギーがある」ことが前提です。もしも、その二つがないならば、スタートはコーチングではなくカウンセリングから始めると良いでしょう。

**図表2　それぞれの目的、主体、技術など**

| | カウンセリング | コーチング | ティーチング |
|---|---|---|---|
| 目的 | 気づきによる全人格的成長 | 目標達成 | 知識、技術の伝達 |
| 問題解決 | ×<br>＊する場合もあるが主ではない | ○ | |
| 主体 | 部下 | | 上司 |
| 技術 | 受容・共感 | 質問 | 指導 |

ティーチングのゴールは「知識、技術の伝達」です。対象は問わず効果的、効率的な伝達に意識を集中させ教えるのです。

次に、カウンセリングでは（必ずしも）問題を解決しません。コーチングとティーチングでは、コミュニケーションを通じて、直接的に問題解決を目指します。では、問題を解決しない、とはどういうことでしょうか。

「変わらなければ」と人が焦る時、必ず陥るのが「今のままではいけない」という自己否定です。もしも、変わりたい人に十分なエネルギーと成功体験があるならば、自己否定をバネに乗り越えることも可能でしょう。しかし、それらを失

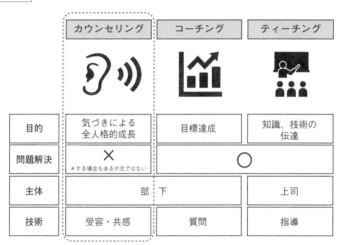

いかけている人にとって、自己否定しながら変わることはとても難しいのです。だからこそ、自己否定せず、できていない現状を認め受容する。すると不思議なことに人は変わり始めるのです。

また、多くの場合、人は本来解決する必要のない事柄で悩んでいるものです。本書のシズカさんの生産性低下や、ヒマワリさんが野比さんの癖を直そうとする、などのケースでは、明らかに悩む必要がないことで悩んでいたのがわかります。そして、カウンセリングを受けることでそれが明らかになり、解決すべき課題自体が消えていった。つまり、解決不要であることがわかったわけです。このように、カウンセリングでは問題を解決すべきものと決めてかからず、まずは受容・共感を進めます。解決が前提ではないのです。

一方でコーチングは解決することを前提にその方法を探っていきます。ティーチングでは、解決方法を伝授することから始めるでしょう。

三つ目の違いは、主体者です。ティーチングでは、主体者は上司となります。しかし、コーチングでは部下が自分で自分の問題を解決する。上司はあくまでも支援者でしかありません。カウンセリングでもそれは同じこと。常に部下が主体者です。

つまり、部下が主体で解決しないのがカウンセリング。部下が主体で解決するのがコーチング。このように覚えるとわかりやすいでしょう。

四つ目は、技術です。カウンセリングで主に用いるのは、受容・共感の技術です。傾聴のスキル、と言い換えても大きくは違わないでしょう。

コーチングで用いるのは、主に質問です。コーチングは、カウンセリング技術を含め様々なジャンルから技術を吸収しており、一般的に「傾聴」「承認」「質問」の三つがコアスキルであると言われています。その意味では、カウンセリングと半分くらい重なるところがあるのですね。ここでは、重複が多くなるとメッセージがぼやけてしまいますので、カウンセリングとの差異を明確にする意味でも、コーチングでは三つのスキルのうち質問を主たるスキルである、として話を進めます。

ティーチングのスキルは、様々な伝達、プレゼン技術となります。

このように、職場で使われる三つのコミュニケーション、カウンセリング、コーチング、ティーチングを比較してみると、それぞれの違いがよくわかるのではないかと思います。

本書の狙いは、その三つそれぞれの良さや必要とされる場面をわかった上で、まだまだ職場で使われることが少ないカウンセリング型コミュニケーションを皆さんにお伝えしていきたいと考えています。

# 第3章

# カウンセリングに何が起きているのか

本章では、先にマンガでご覧いただいた「カウンセリングで起きるミラクル」がどのような理論で起きたのか、そのメカニズムに触れていきたいと思います。先述のようにカウンセリングには、数百~千超の流派があり、それぞれが独自の体系を構築しています。

そのため、すべてに共通する技法というものは存在しませんが、大まかな原則はあるようです。本章では、その共通原則と、筆者が学び続けている心理学の四大パラダイム*の一つである「人間性心理学」のうちのいくつかについて理論を紹介していきます。

*心理学の四大パラダイム：
（1）精神分析パラダイム
（2）学習理論パラダイム
（3）人間性心理学パラダイム
（4）認知理論パラダイム

# 1 すべてに共通するバイスティックの七原則

## フェリックス・バイスティック（1912-1994）

あまたあるカウンセリングの流派や技法に共通する大原則としてバイスティックの七原則をご紹介いたしましょう。

この原則はアメリカの社会福祉学者であり、カソリック教会司教でもあったフェリックス・バイスティック博士が1957年に提唱した対人援助原則です。

これを理解することで、カウンセリングに何が起きているのか、カウンセラーは何を大切にしているのかがわかると思います。

### (1)個別化原則

私たちは誰もが世界でただ一人のかけがえのない存在です。決して十把一絡げに「その他大勢」としてくくられたくはないのです。ですから、カウンセラーは出逢う一人ひとりをこれまでの経験やパターンに当てはめて類型化してはいけません。

そして、その体験もまた一人ひとり独自のものとして尊重します。例えば、部下が引き起こした失敗も「自分が若い頃に体験した失敗と同じだ」と決めつけず、上司の体験とは異なる部下独自の体験として尊重し、体験や気持ちを謙虚に聴く姿勢が求められます。

第1章のケース1で、シズカさんが夜遅くまで仕事が終わらない、という相談をした時に、ココロさんはその話にじっくりと耳を傾けました。シズカさんよりも長い社会人としての人生を歩んでいるココロさんには、おそらく似たような体験をしたことがあったはずです。しかし、ココロさんは自分の体験に当てはめて類型化をしませんでした。これこそが個別化原則なのです。

## (2)意図的な感情表出の原則

カウンセラーは相手が感情を表に出しても大丈夫だ、と感じるよう安心安全な環境を作ります。多くの場合、心の不調はネガティブな感情を抑圧したり、目を背けることから発生すると、人間性心理学では考えます。私たちは怒りや恐れ、悲しみ、淋しさなどネガティブな感情を持つことは良くないことだと思い込んでいます。そして「自分は怒っていない」と心に嘘をつくのです。

カウンセラーは解決策の立案や原因分析よりも感情そのものに焦点をあてて聴き、受容、共感をすることで、相手に「ネガティブな感情を感じてもいいのだ」と気づいてもらいます。

第1章のケース5でヒマワリさんが野比さんに対して「モヤモヤしている」と控えめに感情を小出しにした時にココロさんはそれを助長するように「イライラしますねぇ」と返しました。これは、相手の言葉にならない非言語の感情を推測して伝え返す「感情の明確化」という技術であり、相手に感情表出を促す技術の一つです。

ココロさんはヒマワリさんの「モヤモヤ」というネガティブをポジティブへ誘導したり、教訓めいた言葉で諭すのではなく、積極的にその感情を表出させました。まさに本原則を実践していた場面と言えるのではないでしょうか。

## (3)統制された情緒的関与の原則

一方でカウンセラーは相手の感情に共感しつつも節度を保たなければなりません。相手の言葉に怒りや悲しみを感じたとしても、寄り添う心を持ち続けるために、自分の感情の表出についてはコントロールしなければならないのです。

第1章のケース4でキュウさんが部下のヒデ君を他部署に引き抜かれた時のココロさんの対応がそれに当たります。キュウさんから部長としての対応を批判され、怒りの矛先を向けられた時も、声を荒げたり取り乱したりせずに、中立的に聴くことを徹底していました。これがまさに統制された情緒的関与となるわけです。

## (4)受容原則

カウンセラーは相手のネガティブな側面を含めたすべてを受容的に聴きます。もちろん、法律に違反する行為や自傷他害を肯定することはしませんが、そのように考えてしまう心の奥底にある痛みや悲しみや淋しさなどを受け容れるのです。

また、相手の考えや価値観に同意する必要はありませんが、「なるほど、あなたはそのように感じたのですね」と相手が感じたことに共感します。私とあなたは違う存在である、と線を引いた上で、相手をわかりたいと思う心が大切なのです。

第1章のケース2でゴウさんが奥様の子育てに否定的な感情を表出した時に、ココロさんはその否定的な感情をすべて受容しました。これも受容原則を実施しているケースと言えるでしょう。

## (5)非審判的態度の原則

カウンセラーは相手をジャッジしないことが大切です。善悪、正誤、優劣、上下の基準は、時代や地域により変わり、絶対的な正解はありません。つまり、相手を評価、ジャッジした時点で、カウンセラーは自分の価値観を優先し、相手の価値観を否定してしまうことになるのです。

仮にそれを伝えなくても、不思議なもので、多くの場合は相手へ伝わってしまいます。そのため、評価、ジャッジの視点を捨てて、相手をありのまま理解しようと努めることが大切になってくるのです。

第1章ケース5でヒマワリさんが部下の野比さんの肘をつくという癖を直そうとしていた時に、ココロさんはすぐにそれが不可能であることに気づいたはずです。また、同時にそのように「部下のできないことはすべて自分の責任である」と引き受けてしまうヒマワリさんの癖の再発にも気づいたはずです。しかし、ココロさんはそれをいったん脇に置いて、ヒマワリさんの悩みに寄り添い共感することに集中したのです。これこそが非審判的態度であり、だからこそ、ヒマワリさんの気づきが深くなったのです。

## (6)自己決定原則

人は自分で決めたい動物です。そして、自分で決めた時にだけその決定に責任を持つのです。他者から押しつけられた決定には無責任になりがちなのです。

そのため、カウンセラーはできるだけ指示を避け、相手に自己決定を促すことが重要です。もしも、指示が必要である場合も、可能な限り提案や選択肢の提示にとどめ、自己決定を優先するのです。なお、人道的な観点から緊急対応が求められる場合はその限りではありません。

第1章ケース3でヒマワリさんが、マチコさんと話し合うことを決めたのは自己決定です。ココロさんは指示をせず質問を重ねることでヒマワリさんの自己決定を尊重していました。これが自己決定原則なのです。

## (7)守秘原則

1~6の原則の土台に守秘義務があります。安心安全が守られた状態でなければカウンセリングは成り立ちません。

以上がバイスティックの七原則です。様々な流派のカウンセリングがありますが、そのほとんどがこの七原則を満たすものです。もちろん、先に挙げた5つの事例も同様です。原則を理解することで、カウンセリング型コミュニケーションの特質が見えてきたのではないでしょうか。

## 2

# ただ聴くだけで変化が起きる
# クライエント中心療法
## カール・ロジャーズ
## （1902-1987）

１９８２年に行われたアメリカ心理学会に所属する八百名へのアンケート調査「最も影響力のある心理療法家」で第一位に選ばれたカール・ロジャーズが提唱したクライエント中心療法は、現代カウンセリングの基礎であると言っても過言ではないでしょう。

ロジャーズは、人は本来成長していく力を持っており、それを支援するための環境を作ることが重要である、と考えました。

そして、実際に人のパーソナリティ*が変化、成長していった時に共通する条件を六つ挙げ、そのうちの中核となる三条件が重要である、と考えるようになりました。それが、以下の三つです。

＊「セラピーによるパーソナリティ変化の必要にして十分な条件」Rogers,1957

1　無条件の肯定的配慮
2　共感的理解
3　自己一致

順に見ていきましょう。

無条件の肯定的配慮とは、相手がどのようなことを訴えても、無条件にそれを肯定的に受け止める、ということです。

たとえ相手が「仕事をやりたくない」などとネガティブな言葉を発したとしても「やる気を出しなさい」などと指示、誘導するのではなく、ただ中立的に「仕事をやりたくないんですね」と受け止めることです。

人は自分で発した言葉を自分で聴くことにより「あぁ、私は仕事をやりたくなかったんだなぁ」と気づきます。それを肯定的に受容してもらうことで「やりたくない、と思っている自分がいる」ことを否認、抑圧せずに受け止めることができるようになり、自分自身へと統合していくのです。

ロジャーズに代表される人間性心理学の目標はクライエントがあるべき姿と実際の姿に

ずれがない自己一致（後述）していくことにより、心の適応とエネルギーを取り戻し、成長し自己実現をしていくことなのです。

二つ目の条件は共感的理解です。ロジャーズはこれを「クライエントの私的世界を自分自身の私的世界であるかのように感じること」と表現し、比喩として「相手のブーツを履く」と言いました。

私たちは相手を理解する時に、相手の言葉を自分の私的世界や体験を通じて理解しようとします。もしそこで共感が起きたとしても、そこで描かれた世界は、クライエントの私的世界ではなく、カウンセラーの体験に基づくカウンセラーの私的世界です。これを100％捨てて相手の世界に完全につかることは現実的には不可能かもしれませんが、それを試みるのです。少なくとも自分の体験に基づく私的世界を排除するように注意すること。これが共感的理解です。なお、その際に相手の意見に同意する必要はありません。「なるほど、あなたはそう感じたのですね」と体感する。

「私はあなたとは違う人格です。しかし、もしも私があなたと同じ両親のもとに生まれ、同じ家庭環境で育ち、同じ学校に通い、同じ友達とつきあい、同じ体験をしたならば、私だってあなたと同じことを感じ、あなたと同じことをしたかもしれない」

**図表3 自己一致とは何か**

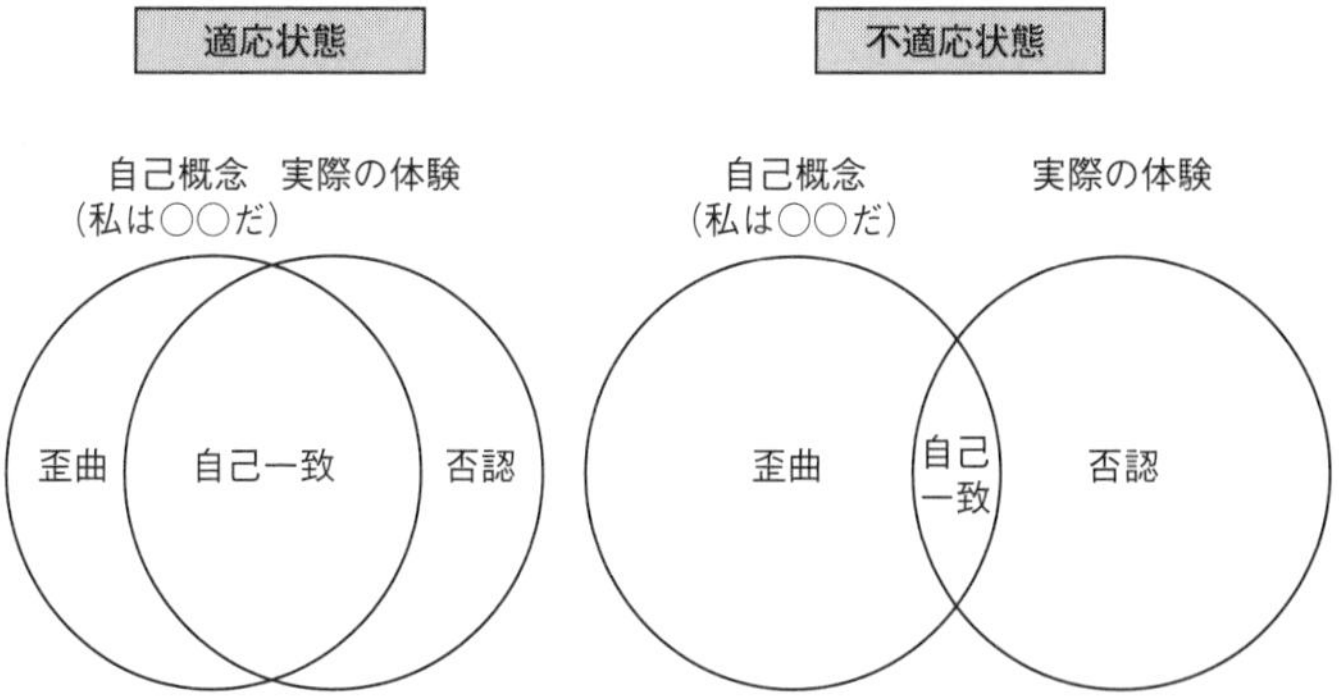


出所：『臨床心理学』（有斐閣、丹野義彦・石垣琢麿・毛利伊吹・佐々木淳・杉山明子著）P199を一部改変

このように考え、感じることこそが共感的理解なのです。

三つ目の条件は自己一致です（**図表3**）。自己一致とは自己概念（私は○○だ）と実際の体験が一致している状態、自分に嘘をついていない状態です。ロジャーズは、相手のパーソナリティが変化していく時は、カウンセラーが自己一致している、と気づきました。

自己一致している状態とは、理想（自己概念）よりも現実（実際の体験）を重視して受け止める力です。例えば、自分は誠実な人間だ、と思っていたとしても、実際に嘘をついてしまうことはよくあることです。その時に「自分は誠実な人間だと思っていたが、嘘をついてしまうこともあるのだな。完璧ではなく、どちらかというと誠実な方の人間なのだな」と現実に合わせて自己概念を更新・統合していくのです。これは心が適応的な状態であり、このように自己概念を柔軟に更新していくことを人格的な成長と呼ぶのです。

その逆に、現実よりも理想を重視して硬直化した考え方は、自分に嘘をつく不適応的な状態です。実際に嘘をついたにもかかわらず「私は嘘をついてない」と否認したり、「私は嘘をつくように仕向けられたのだ」と歪曲したりする。このように硬直化した自己概念を持っていると、人は自分を柔軟に更新・統合することができず、心が不適応になる、と人間性心理学では考えるのです。

この自己一致は、ロジャーズの定義で言えばカウンセラー側に必要な条件となります。しかし、これはクライエント側にとっても大変重要な条件となります。先に述べた通り自己一致は人間性心理学が目指す姿でもあり、クライエントが目指す状態である、とも言えるわけです。

このことから、カウンセラーは自らが自己一致した姿でクライエントと接し続けることにより、クライエントは目の前で示された模範を取り込んで自らも自己一致し適応的になっていく。このような作用が起きていると考えることもできるでしょう。

カウンセラーで知らない人はいない、と言われるほど有名なこの三条件。勘の良い人は既にお気づきのことと思いますが、先に挙げたバイスティックの七原則と重複する部分が多くあります。また、本書では扱いませんが、もう一つの四大パラダイムである精神分析パラダイムとも重複する部分が多くあります。

それぞれが違うアプローチながら重複が多いということは、それだけ人間性の真理に近いということではないか、と私は思います。このような心理学の理論を理解することで、職場においてカウンセリング型コミュニケーションの技術がどのように機能するか、をイメージいただければ幸いです。

## 3

# 言葉にならない「何か」がわかる ah! ha! 体験
# フォーカシング指向心理療法
## ユージン・ジェンドリン（1926-2017）

人間性心理学の中で中心的な概念の一つである自己一致は、ロジャーズがカウンセラーに必要な条件として提唱しましたが、クライエント側でどのような変化が起きているのかを説明しませんでした。また、ロジャーズは、クライエント中心療法をマニュアル的に手順化することを嫌ったために、自己一致に至る手順は曖昧なままでした。

そこで、そのミッシング・リンクを埋めるように、ロジャーズの研究パートナーのジェンドリンが提唱したのが、フォーカシングと呼ばれるクライエントの中で起きていることを解説した現象であり、具体的な手順として示されたフォーカシング指向心理療法です。

本書は本格的な学術書ではないため、その詳細について触れるのは避けますが、大まかに解説をすると、フェルトセンスと呼ばれる「言葉にならない身体の感覚」に意識の焦点

（フォーカス）をあて、それをしっくりくる言葉で表現することで、意味を感じていくというプロセスを歩みます。このフェルトセンスこそがリアルな体験であり、しっくりくる言葉で表現することが自己概念を体験に重ね自己一致する、ということなのです。

例えば、あなたが地平線に沈む夕陽を見ながらしみじみと何かを感じたとします。それは言葉にならない感覚であるフェルトセンスの状態です。それを言葉で表現すると「神秘的」なのかもしれません。しかし、この言葉ではどうもしっくりこないのです。そこで、あなたは別の言葉を探します。「圧倒される」かもしれません。やがて、あなたは「大自然へ対する畏敬の念」と言葉を換えるかもしれません。そして、この言葉による表現を探る過程ごとに、あなたが夕陽を見た、という体験自体が変化していくのです。

そして、この言葉にならないフェルトセンスに言葉を与えていく過程で気づきが起き、刻々と体験そのものが変化していき、それが自己概念と一致していきます。それこそがフェルトシフトであり、自己一致において起きているプロセスそのものであります。

このプロセスを自分自身で行うこともできますが、一般的にはカウンセラーにお手伝いをしてもらうことが多いようです。

第1章にて、ゴウさんが妻の子育てに対してモヤモヤとしている身体の感覚がフェルトセンスだとすると、ココロさんはそのモヤモヤに寄り添いながらゴウさんがそれに名前をつけ意味を実感していくフォーカシングのプロセスをお手伝いしています。ゴウさんは最初、妻が大きな声で子どもを叱ることに焦点を合わせ、次に育児方針へ、そして最後には自分自身が妻の怒っている姿を見たくなかった、ということに気づいていきます。

すると、そこに、身体感覚を伴うａｈ！ｈａ！体験と呼ばれる大きな気づき（フェルトシフト）が起き、心が穏やかになっていきます。すると、これまでの過去の自分の体験や価値観とこのできごとが結びつき、さらに気づきが深まります。

このように、フェルトシフトが起きると、気がかりなモヤモヤへの考え方がポジティブに変化したり、ふと解決策が浮かんでくることもあります。ゴウさんの場合、それは「無性に仕事をしたくなってきた」という変化となって現れたのです。

このようにジェンドリンによるフォーカシングはロジャーズのクライエント中心療法とあたかも鏡のように相対し、自己一致へ向けてカウンセラーとクライエントの中で起きていくことを教えてくれます。それを理解することにより、職場で実践されるカウンセリング型コミュニケーションで何が起きていて、何が大切なのかがクッキリと身体の感覚として感じられるようになるのではないでしょうか。

# 4

## 未完了が完了することで地が図へと浮かんでくるゲシュタルト療法
## フレデリック・パールズ（1893-1970）

フレデリック・パールズが提唱したゲシュタルト療法は、今ここでの体験的な気づきにより、気がかりである未完了を完了させ、「ルビンの杯」（**図表4**）にある図と地の反転を起こす心理療法です。

ルビンの杯は不思議な絵です。黒い杯部分（図）を見ていると白い背景（地）は意識されません。逆に白い二人の顔（図）を見ていると黒い背景（地）は意識されません。そして、この二つは同時に意識することはできず、交互に意識することしかできないのです。

ゲシュタルト療法では、私たちが日常生活の中で、ルビンの杯全体（杯と人の顔の両方）ではなく、どちらか片方（図）にばかり意識を傾け、他（地）の存在を無視してしまっているために気づきが起きない、と考えます。

図表4 ルビンの杯

提供：Science Source/アフロ

そこで、ゲシュタルト療法では、地に沈み込み、意識されなくなっている無意識下の気がかりを呼吸や表情、手足の動き、声色などから感じ取り、図に浮かび上がらせ、今ここで十分に感じきること（未完了の完了）で、図と地の反転、すなわち気づきを起こすプロセスを行います。

また、このプロセスを体験することは、クライエントが他者や自分自身との失われかけていたコンタクトを取り戻し、有機的な生物が本来持つホメオスタシス（恒常性維持機能）を取り戻す、とも考えます。

人は本来、自然治癒力としてのホメオスタシスを持っています。喉が渇けば水を飲み、暑ければ汗をかくことで熱を放出し、寒ければ震えることで熱を起こします。これは、自分の身体感覚という内面へのコンタクトと、空気の温度や水という外面へのコンタクトにより起こすことが可能となります。しかし、このホメオスタシスは「人が有機的（オーガニック）である時」だけ働き、「べき論に縛られて頭でばかり考えている時」には働かなくなる、と、パールズの盟友でありゲシュタルト療法共同開発者の一人である作家のポール・グッドマン（1911-1972）は言いました。そのコンタクトを促すためにカウンセラーはクライエントによる過去や未来についての思考をストップさせ、〝今、ここ〟にある身体感覚へ意識を向けるようにお手伝いを行うのです。

第1章の中で、ヒマワリさんが時短勤務をしている部下であるマチコさんの業務を巻き取って重圧を感じている様をココロさんは身体で感じるように促しました。ヒマワリさんは「上司なんだから部下の仕事に責任を持たなければならない」という強い「べき論」が図に上っていることにより、他の方法（地の部分）があることに気づいていません。本来、ヒマワリさんが持っているはずのホメオスタシスが働いていない状態です。ココロさんはそんなヒマワリさんに重い荷物を身体感覚として体感させることで、図と地の反転を促しました。

このゲシュタルト療法も手法さえ違うものの、実際の体験と自己概念のずれを「図と地の反転」「コンタクト」により重ね合わせ、自己一致から気づきとエネルギーを取り戻すという人間性心理学の理論と一致しています。そして、フォーカシングと同様に身体感覚を重視します。

第1章でココロさんと部下とのさりげない対話のやりとりの中に、このようなメカニズムが働いていたことを実感いただければ幸いです。

# 5

## あらゆる行動や感情には目的があり、究極目標は所属であるアドラー心理学カウンセリング

アルフレッド・アドラー（1870-1937）

カウンセリング型コミュニケーションを活用することで、なぜ企業組織の生産性が上がるのでしょうか。それを論理的に説明する際に、人間性心理学の源流と呼ばれる、アルフレッド・アドラーによるアドラー心理学の「目的論」が役に立つでしょう。

目的論とは、あらゆる行動や感情には「原因」ではなく「目的」がある、というアドラー心理学の根幹を成す基本前提の一つです。

例えば、非行少年が犯罪を犯すのは、従来の原因論では遺伝や生育環境に問題の原因がある、と考えます。しかし、アドラーは原因論では問題解決は不可能である、と考えました。なぜならば、過去は変えることができないからです。そして、原因論でアプローチする限り、常に問題探しと犯人捜しになってしまい、親や教師、そして非行少年本人を追い

詰める形になりカウンセリングが成立しづらい、と考えました。

そこで、アドラーは原因論的アプローチをやめ、目的論に立ってカウンセリングを進めることで大きな成果を得るようになったのです。目的論に立脚してカウンセリングを進めると以下のようになります。

「キミは周囲の人から強いなぁ、すごいなぁ、と認められたくて（目的）犯罪を犯してしまったのかな？　だとしたら、そう思われるのに、他の方法はないだろうか？　キミは手先が器用らしいね。それを活かしてみんなから、すごいなぁ、と言われる方法もあるかもしれないね。どうだろう。キミがそれにチャレンジするなら、僕はお手伝いしたい」

このように行動や感情の目的を探し出し、それを他者に迷惑をかける競合的な縦の関係（Vertical approach）で実現するのではなく、協力的な横の関係（horizontal approach）での実現を探す、というカウンセリングを行うのです。

また、アドラーはあらゆる目的にはさらに上位の目的が階層的に存在し、その頂点には全人類に共通する目的がある、とし、それを究極目標と呼びました。それは「社会への所属（Belonging）」です。それは社会の中に居場所があると実感し安心していられることです。

つまり、私たちが仕事を頑張り評価されようとするのも、勉強を頑張るのも、友達づきあいをするのも、趣味を広げるのも、家庭を作るのも、すべて所属のためである、と考えるのです。また、同様にあらゆる問題行動や社会的に不適応を引き起こす行動も、すべて所属のためである、と考えます。暴力をふるい、盗みを働き、友人の悪口を言いふらすのもまた所属のためです。抑うつ状態や不眠などのつらい症状も所属が目的です。本人が気づいていなくても、無意識にはいつも所属という目標がある。それがアドラー心理学の考え方の根本にある基本前提です。

私たち人間の祖先は今から20万年前に起源を持つホモサピエンスです。アドラーはこう言いました、「あらゆる動物の中で最も弱い動物が人間である」と。ホモサピエンスは強い牙も爪も持たず、走るスピードもヒョウや虎に勝てません。猛獣に襲われてしまうと為す術もなく食べられてしまうのです。そこで人類は偉大な発明をしました。それが「群れを作る」ということです。

ホモサピエンスは一人で行動している時に猛獣に襲われると命を落とし、食べられていました。しかし、常に複数で手に棒や石を持ち、群れを作って歩いていれば、猛獣に襲われてもみんなの力で撃退することができます。やがて猛獣も、人間が群れを作っている時は襲ってこないようになりました。

このことは20万年前までさかのぼらずとも、私たちの幼少期を考えてみれば説明がつきます。私たち人類は現在も変わらず「地球上で最も弱い動物」です。私たちは生まれてから数年の間、一人では生きていくことができません。両親などの養育者に食事や水や衣服を与えてもらえなければすぐに死んでしまうのです。

ですから、私たちはそれこそ「命がけ」で親に愛されようと努力します。家庭や親へ所属しようとするのです。もしも、親への所属に失敗したとしたら、それは死を意味します。幼少期の子どもにとって親は社会、世界のすべてであり、家族に所属できている時だけ安心、安全を感じ、幸福を感じることができる、とアドラー心理学では考えるのです。

人間は生物学的に群居動物に分類されます。人間という文字は「人の間」と書きます。つまり人間は一人でいる時は本来の人間ではなく、群れでいることが本来の姿なのです。

人間は哺乳類に属します。羊や猿や馬を見ればわかるように、哺乳類の多くは群れを作って暮らします。その哺乳類に共通する脳の働きが「愛、仲間、群れ」の有無を感知する哺乳類脳と呼ばれる大脳辺縁系です。私たちは、職場で同僚に「所属」し、社会から必要とされ社会へ「所属」し、家族と仲良く暮らし家庭に「所属」している時にだけ、幸せを感じ、大脳辺縁系がゆったりとくつろぎます。

すると、哺乳類脳が満たされ、ようやく人間の理性を司る人間脳と呼ばれる大脳新皮質が動き出します。逆に、職場や社会や家庭に所属できていない、と感じる状態では、哺乳類脳である大脳辺縁系が危険を察知し、活性化してしまいます。すると、不思議なことに人間脳と呼ばれ理性を司る大脳新皮質のブローカー野の活動が制限されてしまいます。

つまり、私たちは、所属が満たされ、愛と仲間意識に満たされ、群れの中で安心できている時にだけ、理性を司る大脳新皮質が活発に働き始めるのです。

私たちが職場で行っている活動のほとんどは大脳新皮質により行われます。つまり、職場で高い業績を上げ、生産性を高めるためには、大脳新皮質の活動の前提となる大脳辺縁系を穏やかにゆるめる必要があります。

それこそが、対人関係での安心安全であり、それはアドラー心理学でいう所属であり、後述するハーバードビジネススクール教授のエイミー・エドモンドソン（1959-）が提唱し、Google社で最重要目標とされている「心理的安全性」の確立なのです。

# 第 4 章

# 今すぐ使える
# カウンセリングの技術

第1章で見てきた五つのケースで使われているカウンセリングの技術をご紹介いたします。本書では、読者である皆さんの既視感を避けるために、コーチングやティーチングで使われている技術をあえて取り上げずに、カウンセリングだけで使われることの多い技術を中心に取り上げたいと思います。そのため、全体としては網羅性に欠けてしまうきらいがあることをご容赦いただければ幸いです。

また、第2章でもお伝えした通り、コーチングは多方面から理論や技術を吸収して発展しているため、本書で取り上げているカウンセリング技術とコーチング技術は多くの部分が重複しています。

読者の皆さんはカウンセリングよりもコーチングになじみがある方が多いと推測されます。そのため、本来はカウンセリング技術であるものまでもがコーチングのオリジナルの技術であるかのように理解されている方もいらっしゃるかもしれません。両者には多くの重複があることを理解いただければ幸いです。

では、皆さんが職場で活用可能なカウンセリング技術のいくつかをご紹介いたします。

**図表5** カウンセリング型コミュニケーションの全体ステップ

| | |
|---|---|
| 1 | 壁になる |
| 2 | エピソードを聴く |
| 3 | （感情に）共感する |
| 4 | （信念・価値観に）共感する |
| 5 | 解決を提案する |

## カウンセリング型コミュニケーションの全体ステップ

何度かお伝えしている通り、カウンセリングには数百〜千超の流派があり、それによりステップや用いる技術が異なります。本章では、特別な訓練を受けずとも、ビジネス現場でも使えるように筆者が独自に体系化したカウンセリング型コミュニケーションの全体ステップを解説してまいりたいと思います。

本書で取り上げる、職場で使える「カウンセリング型コミュニケーション」の全体ステップは**図表5**のようになります。

なお、ここから先はビジネス現場でよりイメージしやすいよう、これまでカウンセラーという言葉で表現していた援助者を上司、クライエントという言葉で表現していた相談者を部下、と表記することとします。

なお、便宜上、上司、部下と表記しますが、実際は役職の上下の別なく、援助する側（相談を受ける側）と援助を求める側（相談する側）の関係であり、他の場面にも応用できることをお伝えしておきます。

Step 1　壁になる
意見を加えずそのまま返す
悪い例
リクツさん 新入社員のイマドキさんについて相談があるのですが……
イマドキさん？ 何か問題でも起こしたの？
いえ問題というほどではないのですが 最近元気がなくて
あぁ 五月病ね
飲みにでも連れて行けば元気になるよ
かもしれませんね ただちょっと気になることがあって
ん？ どうした？ 作業の進捗でも遅れているの？
はい 何か悩んでいるようで…
誰だって悩みはあるよ 俺だってあるさ もう学生じゃないんだから悩みがあっても作業はやらせなくちゃ 甘やかし過ぎなんじゃないの？
いえ… そんなことは…
手を動かしていれば悩みは消えていくよ 甘やかしたらダメだよ
はぁ…

良い例
新入社員のイマドキさんについて相談があるのですが・・・
ほぉイマドキさんについて・・・
続けてください
最近彼元気がなくて・・・
何か悩んでいるようなんです
元気がなくて悩んでいる
それは心配ですね
もう少し詳しく教えて下さい
直接本人から聞いたわけではないのですが
どうも親御さんの具合が悪いようで・・・
それは放っておけない話ですね
間接的に誰かから聞いたのですね
はい同じチームのコーイチさんから聞きました
私も彼の上司ですし直接聞きたいのですが
プライバシーも絡むしどうしようかと……

確認してもいいですか？
新入社員のイマドキさんは最近元気がない
どうやら親御さんの具合が悪いようだとコーイチさんから耳にした
しかしプライバシーもあり本人に直接聞いたものかどうか迷っている
どうですか？ 間違っていませんか？
合っています
話しながら頭が整理されて気づいたのですが
私 ちょっと気にしすぎているような気がしてきました
サラっと本人に聞いてみたいと思います
なるほど確かにその方が早いですね
何かお手伝いできることはありますか
いえ大丈夫です
何かあればまた相談させてください！
ありがとうございました

# 1 壁になる

最初のステップは「聴く」ことから始まります。部下の訴えは様々な形で現れます。多くの場合、それは悩みや問題として訴えられることが多いでしょう。ここで大切なことは、上司が余計なことを言って方向を変えてしまわないことです。

余計なことの代表的なものは、指示、助言、体験談、感想など。つまり、部下の相談内容についての部下の内的世界を探検するのではなく、部下の話に触発された上司自身の内的世界を話してしまう、という失敗です。

これはたとえて言うならばテニスのラリーです。部下が「映画に行ったんですよ」と話した時に黙って壁になって聴けば良いのに「奇遇ですね。私も映画に行ったんですよ」とラケットを持って自分のボールを打ってしまう。つまり、自分のことを話してしまい、互いにボールを打ち合うラリーをしてしまう。これは避けなければなりません。

さらに踏み込んで、話の序盤から、部下に対して指示や助言を話すのは最も避けなければいけないことです。仮に、そこまで踏み込まなかったとしても、上司自身の感想や、部下の体験と似たような上司の体験談を話すこともここでは十分に余計なことであり、ラリーになります。

バイスティックの七原則で学んだように、個別化原則を大切にしていただきたく思います。部下の体験と上司の体験は異なるのです。

また、ロジャーズの三条件に提示されたように共感的理解は、相手のブーツを履くことです。この聴くというステップで大切なのは、自分の内的世界を極力持ち出さずに、部下の内的世界を味わってみることなのです。

部下がテニスのラケットを持ってボールを打ってきたとします。「映画に行ったんですよ」その時に上司は「へぇ、映画に行ったの。いいねぇ。うんうん、それで?」とそのまま返すことです。これを私はテニスの壁打ちと呼んでいます（**図表6**）。

上司はラケットを持ってラリーをするのではなく、ラケットを捨てて壁になりきる。そして、部下の打ってきた球をそのままはじき返すのです。

また、この序盤においてはできるだけ質問も控えていただきたいと思います。一般的に上司が行う質問は、上司の興味関心、つまりは上司の内的世界をもとに行われます。すると、部下の内的世界を語る流れが邪魔されてしまうからです。

壁になる、という第一ステップにおいては、指示、助言を行わないのはもちろんのこ

**図表6 壁打ちの技術**

ラリー　　壁打ち

と、自らの感想や体験談を話すことも控えましょう。

さらには、できるだけ質問すら行わず、相手の言葉をはじき返す壁打ちの壁になる。それにより、部下の内的世界から一歩も外に出ずに（自分の内的世界を使わずに）、部下の脳内を探検するイメージで聴き続ける。このようなスタンスで臨んでいただきたいと思います。

## ●「壁になる」で用いる技術

### (1)相づち

話の合間に頻繁に相づちを打ちましょう。「うんうん」や「はい」だけでなく、話題に合わせて自然に言葉を選びます。

「へぇ」「いいねぇ」「びっくり」「良かったぁ」「楽しそう」など。この相づちがあるかどうかで、相手の話しやすさは格段に変わります。初歩的なスキルですが、大変効果的です。話の流れがスムーズでない、と思った時は、難しいことをやろうとせずに、まずはこの相づちを工夫してみてください。

## (2)オウム返し

「映画に行ったんです」「へぇ、映画、いいね」このようにさりげなく繰り返します。マニュアル通り堅苦しくやると流れが止まり不自然になります。

「映画に行ったんです」「あなたは映画に行ったのですね」

どうです? 不自然な感じがするでしょう? オウム返しを自然に効果的にするにはキーワードだけをシンプルに返すことです。例えば「新入社員のイマドキさんの元気がないことが気になっているんです」と言われた場合「イマドキさんのことが気になっている……心配ですよね」とやるのです。またオウム返しは単独で行わず、相づち、述語的会話と組み合わせると良いでしょう。

## (3)述語的会話

質問で流れを変えてしまわないように、代わりに述語的会話を使います。具体的には「続けてください」「それで?」「詳しく教えてください」の三つを主に使います。

「映画に行ったんです」と言われ「何の映画?」と質問してしまっては、相手が映画のタイトルと内容についてしか話せません。もしかしたら、相手は映画のタイトルではなくて、映画館の設備や立地について話したいかもしれないし、映画館で偶然出逢った友達の話をしたいのかもしれません。にもかかわらず、自分の内的世界の興味から「何の映画?」と質問をしてしまっては、流れがぶち壊しです。

このように会話の序盤は話がどう転がっていくか予想がつきません。だからこそ、述語的会話ですべての方位に対応するのです。「ほぉ、映画に行ったの。続けてください」これならば、映画の内容でも映画館の設備や立地でも、偶然出逢った友達のことでも、何でも自由に話せます。

相づち+オウム返し+述語的会話。この組み合わせで壁になることができます。

## (4)理解の確認(Testing Understanding)

ある程度話のまとまりがついたら、話を整理してそれまでの要約を伝え、間違っていないかを確認します。これはとても効果的です。

まずは、相手がもう一度要約を聴くことにより、頭が整理され、自分にとって何が重要かが見えてきます。理論的側面で整理されるのです。

さらには、自分が話したことをそのまま返してもらうことにより「上司は私の話をきちんと聴いてくれた。受け容れてくれた」と心理的安心感を感じることができます。バイスティックの七原則で言うところの受容原則が満たされ、ロジャーズの三条件の無条件の肯定的配慮と共感的理解が満たされるわけです。

# Step 2　エピソードを聴く

## 要約ではなく瞬間を再現する

悪い例
リクツさん聞いてくださいよ
昨日　営業会議やったんですけど
メンバーが全然意見を言ってくれないんですよ
お葬式みたいでこっちまで元気なくなりますよ
そりゃいかんな　ゴウ君　何が原因なんだ？
それがわかれば苦労しませんよ　何が原因なんでしょうね？
事前に考えてくるよう伝えたのか？
はい　アジェンダを事前に配布して考えてくるよう伝えてあります
アジェンダ　1　2
当日の雰囲気はどうだ？　ちゃんと盛り上げたのか？
はい　まずは雑談から入ってリラックスしてもらって
会議では私が率先して意見を出し盛り上げています
それでもダメなのか…　まぁ少しずつ繰り返しやっていくことだな
はい…　それしかないですかね……

良い例
ココロさん 聞いて くださいよ
昨日 営業会議を やったんですけど メンバーが全然 意見を言ってくれ ないんですよ お葬式みたいで こっちまで元気が なくなりますよ
それは がっかりですね
では ゴウさんが 一番がっかり した場面を 教えてもらって もいいですか?
誰のどの一言 でしたか?
はい イマドキさんが やる気のない 一言を言った時です
その会話の やりとりはどちら が先に何と言って 話しかけたの ですか?
私から
新規開拓 キャンペーンで 一日一件新規 訪問をしよう
と 言ったんです
ほぉ それに対して イマドキさんは何と 言ったのですか?

無理です できません
と いきなり決め つけるんです まったく今時の若いヤツと来たら・・・
イマドキさんの言葉に対してゴウさんはどう返したんですか？
『いきなりできない と決めつける前にまずはやってみようよ！』と
それに対してイマドキさんは？
はい わかりました
と……
それから？
イマドキさんは何も言わなくなりその話題はそれで終わりになりました イマドキさんのやる気のない発言で会議全体が暗くなってしまったんです
イマドキさんの発言で会議全体が暗くなった
と ゴウさんは考えているんですね

## 2 エピソードを聴く

二番目のステップは「エピソードを聴く」です。エピソードを聴くことによる効果もまた絶大です。上司は通常、部下の抽象的で漠然とした話を聴きながら暗中模索のような状態でなんとか部下の力になろうとします。しかし、視界不良でなんとも状況がつかめない中のアドバイスは効力を発揮しにくいものです。

しかし、話がエピソードに切り替わった瞬間に、問題の核心が見えてきます。部下の悩みをただ壁打ちで聴いているだけでは見えなかった状況が、霧がサーッと晴れるように見えてくるのです。

エピソードを聴く効果はそれだけではありません。具体的なやりとりが再現されることにより、これまで上司と部下が向かい合って相対していた椅子の向きがくるりと90度回転し、二人が同じ方向を向くようになるのです。これは、コミュニケーションが質的に転換することを意味します。これまでは主体と客体のように、対立になりがちだった関係が、同じエピソードの方を向いて隣り合う。つまり、同じ立場で一緒にいる関係に変わるので

図表7　同じ方向を向く

す（**図表7**）。
　また、エピソードは「いつ、どこで、誰が、何を、どのように話したか」という映像化も同時に引き起こします。これにより、抽象的な言葉では起きえなかった感情が、部下と上司の双方に湧いてきます。人は抽象的にまとめられた「要約＝レポート」に感動することはありません。感情が起きず、むしろ冷静に理性が働き始める左脳の世界です。
　しかし、エピソードで映像化された瞬間に感情のスイッチが入り、右脳の世界へと場面が一気に転換します。私たちの感情が揺さぶられるのは冷静に要約されたレポートではありません。そうではなく、私たちが感動して涙を流すのは、映画や小説、テレビのドラマなど、一瞬を切り取った「いつ、どこで、誰

**図表8　エピソードとレポート**

| レポート | エピソード |
| --- | --- |
| 抽象的な要約 | ある日、あるところで<br>一度だけあった具体的できごと |
| 時間軸長い<br>(数時間〜数カ月〜数年) | 時間軸短い<br>(5〜10分、長くても1時間ほど) |
| 左脳（思考）優位<br>冷静になる | 右脳（感情）優位<br>感情が動く |

が、何を、どのように話したか」のエピソードなのです（**図表8**）。

カウンセリングで大切な「意図的な感情表出」は抽象的なレポートでは起きえません。そうではなくエピソードを部下に語らせるのです。

そのために上司はTHE MOSTを質問します。

「一番感情を揺さぶられたのは誰の何という一言ですか？」

「それはいつのことですか？」

と質問することにより、レポートをエピソードへと転換する技術が必要なのです。

## ●「エピソードを聴く」で用いる技術

### (1)映像化

一般的に部下はできごとを抽象的に要約したレポートで語ります。なぜならば、ビジネスの世界では常に抽象的に要約したレポートが求められるからです。しかし、レポートをもとにカウンセリングはできません。レポートをエピソードへと転換しなければならないのです。その際に、必要なのが映像化の質問です。

〈WHEN〉「それはいつのことですか?」「何週間前ですか?」「朝ですか? 夜ですか?」

〈WHERE〉「会社ですか? 執務机ですか? 会議室ですか? リビング? 子ども部屋?」

〈WHO〉「その場に誰がいましたか? それぞれ何と発言しましたか?」

セリフ「その話題を最初に始めたのは誰のどのような一言ですか? それへの返事は?」

これらの質問を上司が部下に問うても、それでも部下はレポートを語ります。癖が抜けないのです。そのレポートをさらにエピソードへと戻します。

その際に有効な質問がTHE MOSTを聴く、というものです。

## (2)THE MOST

上司が部下にエピソードを尋ねても、部下は繰り返しレポートで返事をしてくる場合が多いようです。そんな時はTHE MOSTを使うことでエピソードへと転換します。具体的には次のような質問をするのです。

「あなたが一番○○（適する感情）を感じたのは、誰の、どの一言ですか？」

「あなたが一番○○と感じたのは、具体的に何日前の何時頃ですか？」

ＴＨＥ ＭＯＳＴの質問は時間的、空間的な一瞬を捉えます。ＴＨＥ ＭＯＳＴで質問をされると部下は要約のレポートを話すことができなくなります。

普通にエピソードの質問をしても、レポートで返事が返ってきてしまう場合は、早めにＴＨＥ ＭＯＳＴの質問を使って、エピソードへと話題を転換することが有効です。

## (3)入れ子構造

エピソードの多くは入れ子構造になっています。つまり、人形の中に人形が入っているロシアのマトリョーシカのように、入れ子になっているのです。上司が部下に問うべきエピソードは、その場面に部下本人であるＡさんがいるエピソードです。

しかし、時に部下は自分がその場にいないエピソードを語ります。つまり、誰かから伝聞情報で聞いた、Ａさんの体験ではないエピソードです。そんな時は、そのエピソードを入れ子で包み込んでいる、ＡさんとＢさんのエピソードを聴かなければなりません。つまり、ＡさんがＢさんから聞いたＸさんとＹさんの話を語るＢさんと一緒にいる場面のエピソードを聴くのです。

なぜ、このような入れ子構造のエピソードを聴くのかといえば、それは次のステップである共感を行いたいからです。上司であるあなたが、部下であるAさんに共感するためには、AさんがBさんから伝聞情報を聴いた瞬間のエピソードが必要です。つまり、エピソードの中にAさん本人がいなければ、Aさんに対して共感することはできないのです。

ですから、私たちはエピソードを聴く際に、その場面に部下本人であるAさんがいることを確認しなければなりません。もしも、Aさんがその場にいないエピソードを聴いた時は、その伝聞情報をBさんからAさんが聴いた別のエピソードを聴かなくてはなりません。そうでなければ、Aさんに共感することが不可能だからです。

### (4)自己内対話

エピソードは通常、部下のAさんと第三者との間で発生します。そのため、セリフも明確に存在するのです。しかし、まれに出てくるエピソードの場面に他の登場人物がいないAさん一人きりのエピソードが語られることがあります。

その際は、Aさんの心の中で語られた独り言を再現してもらいます。それを一般的には自己内対話と呼びます。

その自己内対話のセリフの掛け合い、やりとりと、その場の時間、場所、一緒にいた人物を聴くことでエピソードとすることができるのです。

Step 3 （感情に）共感する
あなたの感情と私の感情が握手する
悪い例
リクツさん これ見てくださいよ
マチコさんが残していった仕事の山
なんだ 時短勤務だからってやることもやらずに帰ったのか
そうなんですよ 私だって自分の仕事たくさんあるのにまったく
だったら引き受けなければいいじゃないか
そうは言っても彼女 小さなお子さん抱えて大変なんですよ
大変だからって全部あなたが引き受けていたらパンクするぞ 突き返すことも時には必要だぞ
理屈ではわかりますが・・・
彼女を目の前にしたらそうはできないですよ
だったら文句を言わず自分でやるしかないだろう 自分で決めたのだから
それはわかっていますけど・・・
もう 結構です 文句を言わず自分でやります

良い例
ココロさん これ見てくださいよ!
マチコさんが残していった仕事の山 私だって自分の仕事たくさんあるのに まったく
引き受けてみたはいいものの仕事の山を見てちょっとうんざりしている
ええ 確かにうんざりしています
後悔 というほどではないですけど引き受けたことがほんとうに良かったのかどうかモヤモヤとしている感じでしょうか
モヤモヤしているんですね? 他に方法はなかったのかと
そうなんです 甘やかしてしまっているのではないかと でも突き放すこともできませんし
こういうときに上司としてどうしていいか 私わからないんです
上司
上司として どうすればいいかわからない答えを知りたい感じでしょうか?
ココロさんに教えてもらったように『どんな場面にも通じるような正解はない』と頭ではわかっているんですが
つい正解が見つからないと不安になってしまうんです

なるほど　それで不安になっていたんですね　そういうこともありますよね
あ！　ココロさんにも　そういうことあるんですか？
もちろんありますよ
なんだか安心しました
そうですね
今回は引き受けたけど次は突き返してみたり
もしくは一緒に話し合ってみたり
NO
そうだ色々やり方はありますね
考えてみたらマチコさんに相談もせず私が一人で抱えて悶々としていた　悪い癖です
色々な方法があると気づいてやってみようと思ったのですね
それは良いアイデアですね
ヒマワリさんならきっといい方法を見つけられると思います
ありがとうございます！
あ　なんだか元気が出てきました！

# 3 （感情に）共感する

第三のステップは「（感情に）共感する」です。

私たちは職場において感情は不要なもの、出してはいけないもの、と捉えがちですが、それは明らかに間違いです。感情は人間の重要な機能であり、感情がなくなれば人間ではなくロボットになってしまいます。一流のチームは感情を上手に解放し、感情により卓越した業績を残しています。例えばワクワクを使ってイノベーションを起こしたり、悔しさを使って目標達成したり、怒りを原動力として新しい社会変革を起こしたり。

職場で怒鳴ったり、泣きわめくなど「感情的」になってはいけませんが、冷静に言葉で感情を伝え合うことは、卓越した業績を達成するために不可欠であると私は思います。

感情の主たる機能は「理性を超えて人を動かす」ことです。私たちの仕事は通常、大脳新皮質が司る理性によって行われています。しかし、理性で動かせるのは私たちの能力のせいぜい60~80%程度ではないでしょうか。100%や120%の能力を発揮するには、感情の力を使い、「理性を超えて」自分や相手を動かす必要があるでしょう。

欧米のジョークに「もしも人間に感情がなければ、世界中で結婚する人はいなくなるだろう」というものがあります。論理的に理性だけで考えれば結婚はリスクが高すぎる。それでも結婚するのは感情が自分を突き動かすからだ、というジョークです。

ゲシュタルト療法では、リスクのある感情表出をした本当の自分（Authentic Self）をさらけ出した時に初めて、その人の本来の能力や魅力が発揮されると考えます。

カウンセリングにおいて感情を意図的に表出させるのは、このように個人の能力や活力、魅力を存分に発揮させるのに感情が必要だからです。それを表出させ、なおかつ否定せず受容、共感することで、職場における感情表出を促し、ひいては、能力、活力、魅力発揮を促すわけです。

第5章で詳しく解説しますが、現代組織において「心理的安全性」の確立は大きなテーマです。Google社では、この心理的安全性こそが業績を決める最も重要な因子である、と位置づけ、それを高めるために1on 1ミーティングを熱心に行っています。

本書でお伝えしているカウンセリングの技術を活用した共感は、心理的安全性の確立に極めて有効であり、その結果、企業組織の業績向上にも大きく寄与すると私は考えています。このように、上司部下ともに受容・共感を前提として、互いに感情を穏やかに表出し合う組織が増えたとしたら、私は間違いなく世界が変わると信じています。

## 「(感情に)共感する」で用いる技術

### (1)内的世界(内的準拠枠)に入り味わう

共感とは相手の感情をあたかも自分の感情であるかのように体験し味わうことです。感情移入という言葉はそれに近い概念でしょう。

心理学で使う共感は英語で表現するならばEmpathy。Sympathy（同情）とは異なります。Empathy が、相手と一体化して感じることを表すのに対し、Sympathy は、相手と自分の間に距離を取り、第三者として相手を見ています。これは、先に挙げた表現を使うならば、相手の内的世界（内的準拠枠 internal frame of reference）に入り込むのか、自分の内的世界から相手を見るのか、の違いです。

共感は「相手のブーツを履く」ように相手の内的世界に入りこみ、感じ味わう体験です。簡単なことではありませんが自分の内的世界をいったん脇に置く気持ちが大切です。

### (2)Use of Self(自分を使う)

共感の手順は

①相手の感情
（相手の話を聴きながら相手の内的世界を体験した際に起きる）「相手」の感情を推測して伝え、確認、すり合わせをする。
↓
②自分の感情
（相手の話を聴きながら相手の内的世界を体験した際に起きる）「自分」の中に湧き起こる感情を相手に伝える。

という手順となります。

これはカール・ロジャーズによるクライエント中心療法における共感的理解とは異なり、フレデリック・パールズと共にゲシュタルト療法の普及に尽力したロバート・レズニック（1942－）が提唱している関係対話療法に近い方法となります。

クライエント中心療法における共感的理解が①相手の感情だけにフォーカスするのに対して、関係対話療法では②自分の感情を伝えることも大切にします。

感情の表明はリスクテイクです。自分の本当の姿（Authentic Self）を相手にさらすことは常にリスクを伴います。否定されるかもしれない。馬鹿にされるかもしれない。嫌われるかもしれない。そのリスクテイクは常に対等に行わなければならない。相手の感情に触れるだけでは不平等であり対等ではない、と関係対話療法では考えます。

このように、カウンセラーや上司がリスクテイクして自分の感情を表明することで、対等な関係が築かれ、クライエントや部下もリスクテイクして自分の感情をさらし、そこで自己一致ができる、と関係対話療法では考えます。

## (3)感情の反射(Reflection of feeling)、感情の明確化(Clarification of feeling)

クライエントや部下の感情を体験することとは大変難しいことです。厳密な意味でそれを100%行うことは不可能です。しかし、大筋で近い感情を感じることならば、努力とトレーニングで可能となるでしょう。そのために、これを技法としてまとめたのが、アレン・アイビィ(1933-)によるマイクロカウンセリングです。

一つ目の技法が感情の反射と呼ばれる相手が表現していることを手がかりとする技法です。相手の表現は言葉だけとは限りません。表情や声色、身体の動きなどの非言語からも推測することが必要です。これらをトータルに観察し、なおかつ、相手の内的世界を感じ取り、それを相手に対して言葉で伝えることが感情の反射です。

一方で、感情の明確化は、相手が表現しきれていない相手の感情を推測して、相手に伝え、確認しすり合わせることです。その意味ではさらに難易度が上がるかもしれません。

（例）

「Ａさんは、みんなから好かれていていいですね」

▼

（感情の反射）

▼

「あなたは、Ａさんがみんなから好かれていて羨ましいと感じているのかな？」

▼

（感情の明確化）

▼

「あなたは、自分はあまり好かれていないと淋しさを感じているのでしょうか？」

「あなたは、みんなから好かれなければならない、と焦りを感じているのでしょうか？」

## （４）一次感情と二次感情

感情は、シンプルに一つだけでなく複数同時に感じる場合が多いようです。しかも、それらは並列に並ぶのではなく、階層構造になっている、と理解すると相手の感情を推測しやすくなります。

**図表9　一次感情と二次感情**

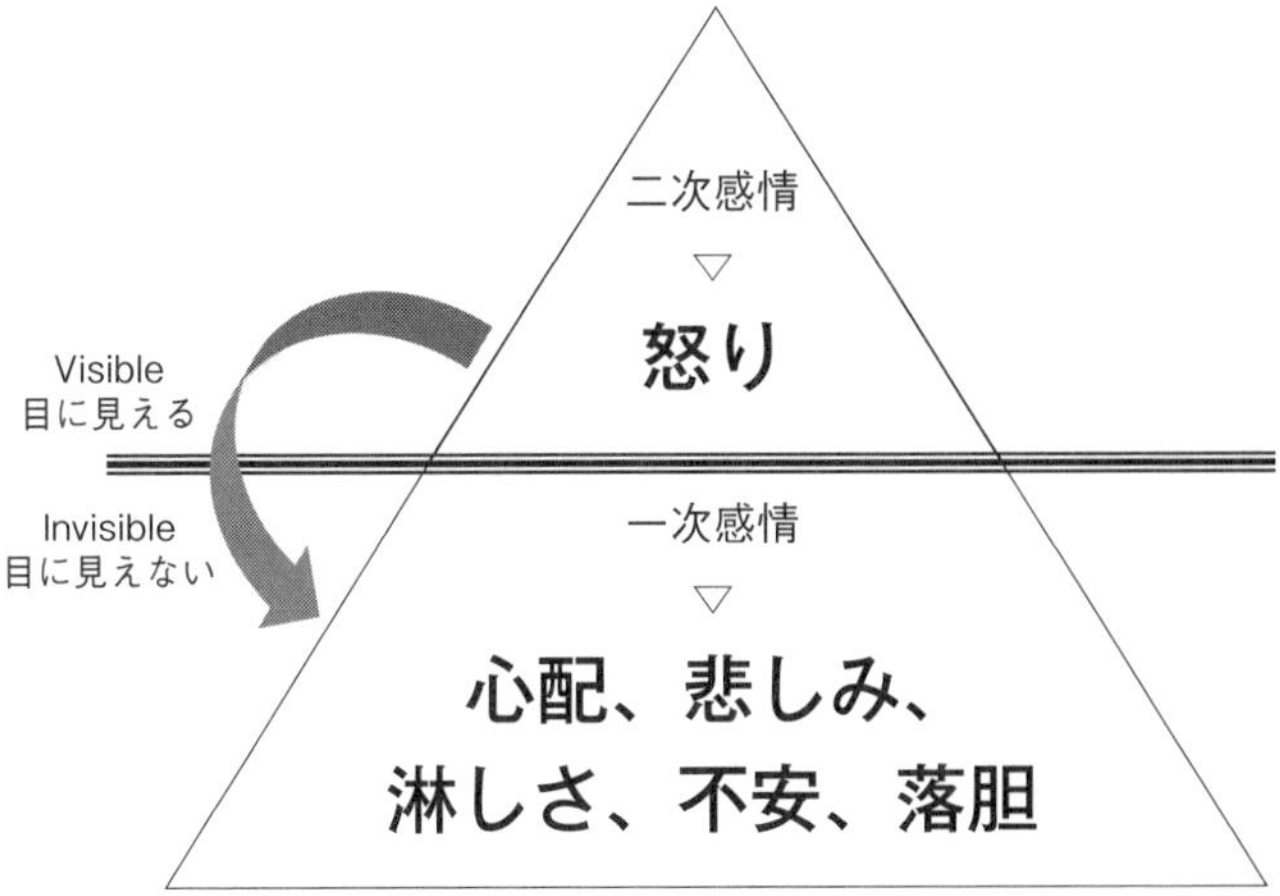


トマス・ゴードン（1918-2002）はこれを一次感情、二次感情と表現しました（**図表9**）。

例えば、怒りは二次感情。その下に複数の一次感情が隠れている、と考えるのです。例えば、小さなお子さんが門限を過ぎても家に帰ってこない。母親が心配して行方を捜している途中にお子さんが帰ってきて、母親の気持ちも考えずにゲームに熱中し、母親が「あなた、どこに行っていたのよ！」と大きな声で叱ったとします。

この場合、表面に現れている二次感情は単なる怒りです。しかし、その下に隠れているのは、心配、不安、恐怖、落胆などの一次感情です。

この時に「あなたは怒っているのですね」という共感の仕方は少し浅いように感じます。そうではなく、一次感情で共感するのです。「心配だったのですよね」「お子さんが事故に遭ったのではないかと、恐怖や不安を感じたのですね」という共感こそが、相手の自己一致を助けると私は思います。

## (5)個別化した上での共感

共感する際に、ついうっかりと犯してしまいがちな間違いがバイスティックの七原則の一つ、個別化原則に反してしまうことです。個別化とは「相手の体験は類型化できない相手独自の体験であり、自分の体験とは異なる」とする考え方です。

例えば、第1章でシズカさんが「仕事が山積みで夜中まで働いても終わらない。自分は能力が足りないのではないか」とココロさんへ対して自己開示をした時に「よくわかるよ。私も同じ体験をしたよ」と答える、もしくは心の中で思うのは個別化原則に反した反応です。

個別化した上での反応とは「あなたの体験（内的世界）は、私の体験（内的世界）とは別な独特で特別なものだ。私にはあなたの体験（内的世界）はわからない。だから、なんとかあなたと同じように感じてみたい、と思うことです。

もう少しわかりやすく言うならば、自分の体験を使わずに共感する、ということです。
具体的には以下の三つのパターンに分かれるでしょう。

①耳を使う

あなたの話を聴いているうちに、私には◯◯という感情がこみ上げてきました。

②目を使う

あなたの表情を見ているうちに、私には◯◯という感情がこみ上げてきました。

③想像力を使う

もしも私があなたと同じ体験をしたと想像したら、私には◯◯という感情がこみ上げてきました。

## (6)我─汝関係

フレデリック・パールズらによるゲシュタルト療法におけるクライエントとカウンセラーの関係は、ユダヤ系の宗教哲学者であるマルティン・ブーバー(1878-1965)が提唱した対話の哲学「我─汝」関係が基礎となっています。

ブーバーは、我─汝関係とは、互いの役割(上司部下、教師生徒など)としての関係ではなく一人の人間同士としての関わりであり、相手を未知(知らない、わからない)、尊厳ある存在として接することだと述べています。
その逆である我―それ関係は、互いの役割を前提に、相手を既知（知っている、わかっている）の存在として、搾取もしくは利用する関係です。
我―汝関係とは、相手と同時に自分自身も尊重し理解し合おうとする生身の人間同士、対等の関係です。
我―それ関係とは、相手を治療しよう、変えよう、なんとかしてあげよう、とする、上から目線の関係です。
共感するためには「我―それ関係」だけでなく「我―汝関係」を目指すことが大切です。

Step 4　（信念・価値観に）共感する
より深いレベルでわかり合う
悪い例
リクツさん 家族の話をしてもいいですか？
テレワークで自宅にいると妻がいつも子供を怒鳴っているんです
聞いているとこちらも気分が悪くなっちゃって
子供が言うことを聞かないから叱られているんじゃないか しつけは必要だよ
そうなんですけど怒鳴ってばかりでは教育上良くないんじゃないかと
だったら奥さんにそう言ったらいいじゃない
ええ　何度も言っているんですが変わらないんです
だったら納得するような言い方にするとか
もっと何度も言うとか
言っているんですけどねぇ
言うと機嫌が悪くなるので何度も言いたくないんです
じゃああなたが気にしないようにするしかないんじゃないかね
まぁ理屈はそうですけど…なんとかならないのかと思ってご相談したんですが
なんともならんだろう
奥さんを変えるかあなたが我慢するしかかね

良い例
ココロさん家族の話をしてもいいですか？
テレワークで自宅にいると妻がいつも子供を怒鳴っているんです
聞いているとこちらも気分が悪くなっちゃって
ゴウさんは奥様がお子さんを怒鳴ってばかりでお子さんと奥様が心配なんですね
あ！
確かに僕子供のことを心配だと思っていたけど奥さんも心配なんです
奥様のことも心配
もう少し教えてもらってもいいですか？
僕 妻が不機嫌な顔をしているのを見るのがつらいんです
妻は自分が時短勤務で僕はフルタイムだから『家事のことは私が全部やるから』と言ってくれているのですが
時短と言っても妻も仕事があるので
負担かけて申し訳ない気持ちです
申し訳ない気持ち……
罪悪感？…もある感じでしょうか？

あ！罪悪感あります
あと助けてあげられない自分がふがいないというか……
ゴウさんもしかしたら……
違っていたら言ってくださいね
ゴウさんは目の前の人が不機嫌だと自分が悪い
自分がなんとかしなくちゃと思うパターンありませんか？
あ！それ…
いつものパターンかもしれません……
もう一つ
ゴウさんは『人はいつも機嫌よくなければならない』『機嫌が悪くなるのは良くないので直すべき』という信念もあるように聞こえますが……
あります！あります！
でも　いつも機嫌良くなんて無理ですよね
機嫌悪くなることは誰にでもありますよね
もしかしたら……僕
できもしないことを奥さんや自分に求めていたかもしれません

## 4 （信念・価値観に）共感する

四番目のステップは「（信念・価値観に）共感する」です。

共感には二段階ある、と私は考えています。一段階目が感情レベルでの共感、次が信念・価値観レベルでの共感です。この二つは順番が大切だと私は考えます。まず最初にやってほしいのは感情レベル。次が信念・価値観レベルです。

日本語の構造上、普通にしゃべると逆になります。

「あなたは、部下に何度も同じことを言ってもどうせわかってもらえないという思いがあるので（信念・価値観レベル）ついイラッときてしまったのですね（感情レベル）」

しかし、これでは、共感ではなく分析になってしまいます。それは共感による心理的安全性とは逆の行為です。そうではなく、まずは感情だけで共感するのです。

「あなたはイラッとしたのではないですか。悔しい残念な気持ちもありますでしょうか」（相手の感情レベル）。そして、相手にそれで合っているかどうかを話してもらう。違えば訂正してもらう。次に今度はこちらの感情を伝え、対等にリスクテイクします。

「私も、話を伺っているうちになんだかイラッとしてきました」（自分の感情レベル）

その後でようやく、信念・価値観に触れるのです。感情レベルの共感ができると人の心と脳がゆるみます。ゆるんだ後に、多少分析的になりますが、感情を引き起こした原因にあたる信念・価値観を推測して伝え、それを否定せず受容・共感するのです。

「もしかしたらあなたは『指摘されたら、すぐに間違いを正さなければならない』という信念・価値観をお持ちではないでしょうか」（相手の信念・価値観レベル）

このように「相手の感情を伝える↓自分の感情を伝える↓共感する↓相手の価値観レベル」というステップの共感を、順番を間違えずに丁寧にやることが重要だと私は考えます。

心理学における四大パラダイムのうち、現在うつ病やパニック障害などの治療に最も多く使われているのが「認知理論パラダイム」です。

認知とは、できごとをどのように捉え意味解釈するか、ということ。それはまさに「信念・価値観」そのものです。認知理論パラダイムの代表的心理学者であるアーロン・ベック（1921-）の認知療法は、私たちの行動、感情、身体反応を決めるのは外部のできごとではなく、認知すなわち信念・価値観である、という理論であり心理療法です。

できごとを変えようとするのではなく、認知、信念・価値観をゆるめていく。すると、症状が穏やかになっていくという療法です。上司が部下の信念・価値観にそっと触れることでこの認知療法に近い効果が期待され、それにより部下の自己一致も促され、全人格的な成長につながる、と私は思います。

## ●「(信念・価値観に)共感する」で用いる技術

### (1)ABCD理論

1982年のアメリカ心理学会による「最も影響力のある心理療法家」でカール・ロジャーズに次いで第二位にランクされたのがアルバート・エリス(1913-2007)です。

エリスは初期の学習理論パラダイムに属する行動主義心理学におけるS-R理論(Stimulus(刺激)-Response(反応))に対してABCD理論を提唱しました。

Activating Event(できごと)-Belief(信念、思い込み)-Consequence(結果)-Dispute(反駁)です。

この理論は、私たちの行動や感情、身体反応(怒り、悲しみ、落ち込み、不眠症など)といった結果が起きるのは、外部からの刺激(叱られた、失敗した、など)からではなく、その人独自の信念や思い込み、認知(本書では信念・価値観と呼びます)により起きる、という考え方です。

なお、反駁とは「それは本当に起きるか？」などと自問自答することであり、それにより硬直化したイラショナル・ビリーフを、修正することです。

## (2)イラショナル・ビリーフ(非合理的な思い込み)

私たちの行動や感情、身体反応に悪い影響を与える極端なBelief（信念、思い込み）をイラショナル・ビリーフと呼びます。例えば「メールに返事がないのは嫌われているからだ」「絶対に失敗をしてはならない」などが挙げられます。

代表的な分類に**図表10**があります。

## (3)認知療法

２００９年のアメリカ心理学会によるアンケート調査「最も影響力のある心理療法家」でカール・ロジャーズに次いで第二位にランクされたアーロン・ベック（１９２１-）により提唱されたのが認知療法です。現在、うつ病などの治療で最も多く使われ効果が実証されています。認知療法は、私たちの行動や感情の多くは私たち自身の認知（信念・価値観）により起きているという考え方に基づいています。そして、できごとではなく認知を

**図表10** 代表的なイラショナル・ビリーフ

| | |
|---|---|
| 二分割思考 | ものごとを極端に判断してしまっている状態。中間がない。白か黒か、失敗か成功か、健康か病気か、など |
| 過度の一般化 | たまたま良くないできごとが起こったとして、それが常に起きると決めつけて一般化してしまっている状態 |
| 選択的抽出 | 様々な状況の中で、自分が関心を持っている情報だけに注意を向けてしまっていて、その状況のその他の情報は無視している状態 |
| マイナス化思考 | 取るに足らないことや、良いできごとを悪いできごとのようにすり替えてしまっている状態 |
| 心の読み過ぎ | 確たる証拠もないのに、人は私のことを見下しているとか、否定しているなどと、勝手に思い込んでいる状態 |
| 先読みの誤り | これから起きるできごとについて否定的な予測をして、そのことが実際に起きるものと信じている状態 |
| 拡大解釈 | ネガティブなできごとを客観的に判断するのではなく、必要以上に注目してしまっている状態 |
| 過小評価 | 拡大解釈の逆で、ポジティブなできごとや自分の長所について、取るに足らない小さなものであると考えている状態 |
| 情緒的理由づけ | 自分の感情の状態があたかも事実を表しているように考えてしまう状態 |
| すべき思考 | 何かを始めようとした時に「〜すべきである」「〜しなければならない」と考えてしまう状態 |
| レッテル貼り | ネガティブな自己イメージがとても強いために、何か失敗した時に、事柄に注目しないで自分自身をダメな人間だと考えてしまう状態 |
| 自己関連づけ | 何か良くないできごとがあると、様々な要因があるにもかかわらず、自分が原因でこうなってしまったと考えている状態 |

**図表11 自動思考記録表 記入例**

| | |
|---|---|
| 状況 | ×月×日（月）14：00頃<br>上司にレポートを提出したら、ミスを指摘された。<br>謝罪して席に戻りレポートを修正して再提出した。<br>同僚がそのやりとりを見ていた。 |
| 感情の種類と強さ | 感情1　恥ずかしい（40%）<br>感情2　戸惑い（20%）<br>感情3　罪悪感（20%）<br>うつの強さ（60%） |
| 自動思考 | ・間違いを指摘されるのは恥ずかしいことだ<br>・間違いを犯してはいけない<br>・同僚のみんなは私を笑いものにしている |
| 自動思考の根拠 | ・私だけがいつも間違っている。みんなは間違わない<br>・上司が不機嫌そうな顔をしていた<br>・Aさんが笑った |
| 自動思考への反論 | ・他の人も間違っているかもしれない。Bさんも指摘されていた<br>・上司はいつも不機嫌な顔をしていてその時だけではない<br>・Aさんは私を馬鹿にして笑ったとは限らない。他のできごとかもしれない |
| 自動思考に替わる思考 | ・私はたまに間違うがそれは私だけではなく誰にでもあることだ<br>・私の間違いを見て何か感じた同僚がいるかもしれないが、必ずしも馬鹿にしているとは限らないし、全員とも限らない |
| 感情の種類と強さ | 感情1　恥ずかしい（20%）<br>感情2　戸惑い（10%）<br>感情3　罪悪感（0%）<br>うつの強さ（20%） |

変えていこう、というアプローチを取ります。

具体的には、5つもしくは7つのコラム（枠組み）へ記述していく5コラム、7コラム法（**図表11**）などの記録表への記入と検討をカウンセラーとクライエントの共同作業として行います。それにより、硬直化した認知を柔軟にしていく訓練をしていくのです。

Step 5　解決を提案する
Iメッセージを入れる
悪い例
リクツさん 部下の野比さんの件で相談に乗ってもらえますか？
野比さん お客様の前で肘をつく癖が何度言っても直らないんです
私の教え方が悪いのかと悩んでいます
それは問題だね どうやって指導しているの？
社内の会議で肘をついている時とかお客様の前でやっちゃった時とかに後からフィードバックしているんですが…
そりゃダメだよ やってしまってからじゃなくてやる前に言わないと
確かに… わかりました お客様のオフィスに入る前に注意するよう伝えます
まあ本当なら言わずに自分で気づくのが一番なんだがたまにはコーチング的に『どうしたら癖が治ると思う？』と質問を交えてもいいんじゃない？
あ！やったことないです そういえばそれもやってみます
いろいろと試してみることだね

良い例
ココロさん 部下の野比さんの件で相談に乗ってもらえますか?
野比さんお客様の前で肘をつく癖が何度言っても直らないんです
私の教え方が悪いのかと悩んでいます
『自分の教え方が悪い』と悩んでいるんですか
私自身もヒマワリさんをサポートできていないので
申し訳ない気持ちを感じています
あ ココロさんまでイヤな思いをさせちゃいました
ごめんなさい!
何も悪くありませんよ
ただ ヒマワリさんは『うまくいかないことは自分が悪い 自分が原因』と思う癖があるかもしれないなと感じました
あ!確かに!
以前 ご指摘いただいたヤツですね!
全然直っていない! 私!
ははは そんなこともありましたね
ところで 野比さんへの指導方法ですが 私の気づいたことをお話してもいいでしょうか?
私は 癖はすぐに直らないから癖なんだと思っています
私自身の癖も直りませんしね
癖

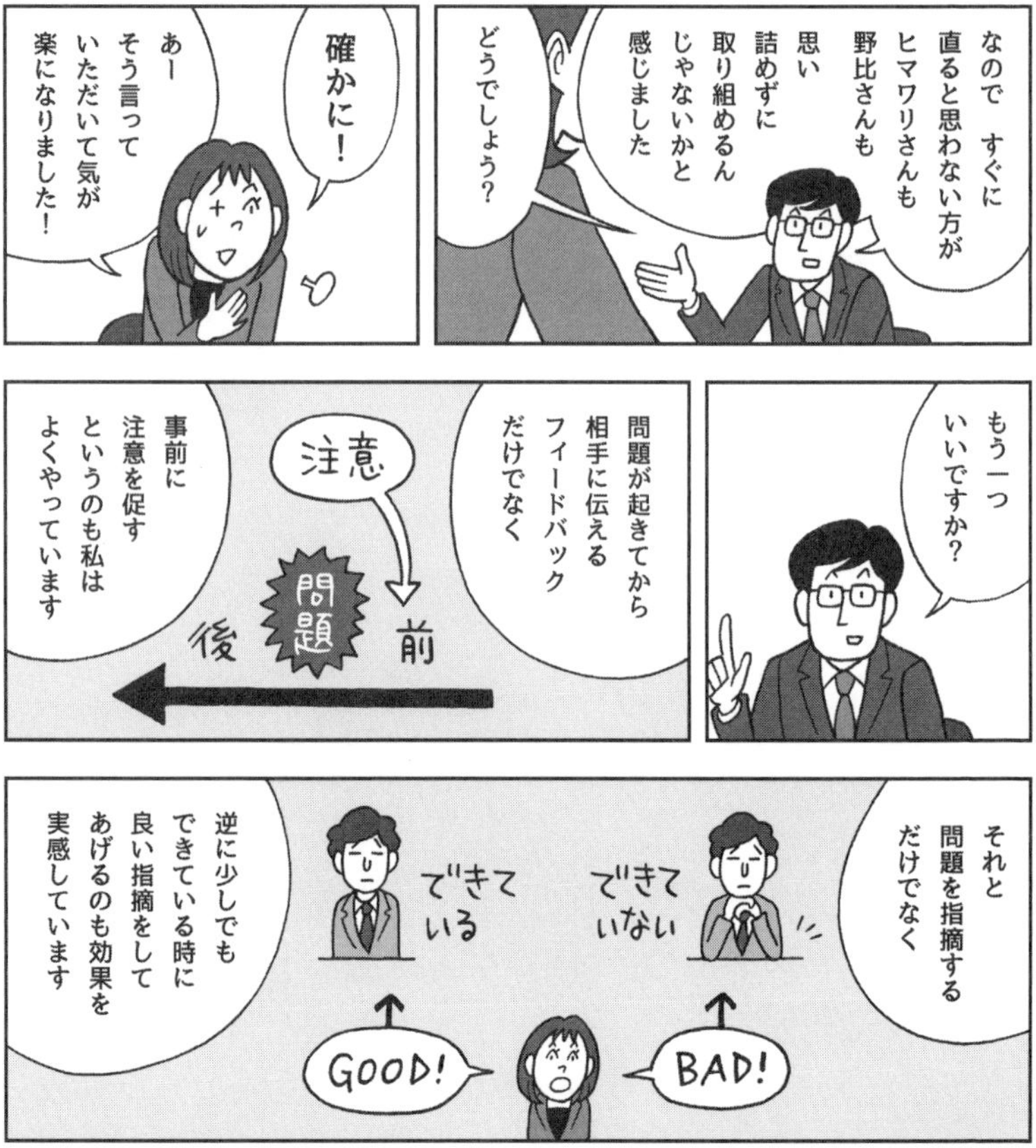
なので　すぐに直ると思わない方がヒマワリさんも野比さんも思い詰めずに取り組めるんじゃないかと感じました
どうでしょう？
確かに！
あー　そう言っていただいて気が楽になりました！
もう一つ　いいですか？
問題が起きてから相手に伝えるフィードバックだけでなく
注意
前
問題
後
事前に注意を促すというのも私はよくやっています
それと問題を指摘するだけでなく
できていない
できている
BAD!
GOOD!
逆に少しでもできている時に良い指摘をしてあげるのも効果を実感しています
なるほどぉ　そういうやり方があるんですね
考えたこともありませんでした
ご助言いただきありがとうございます！
全部やってみたい！と思いました！

# 5 解決を提案する

五番目のステップは「解決を提案する」というものです。

この技法の前に一番大切なことを先にお伝えしておきます。

それは、この五つのステップのうち、最後にあたるこのステップは、本来は行う必要がないものだ、ということです。つまり、これはあくまでも「おまけ」なのです。フルコースの食事に例えるならばこれはデザートです。メインディッシュはあくまでも「(感情に)共感する」「(信念・価値観に)共感する」であり、それで終わっても良いのです。

私はこれまで大手企業を中心に数千名の受講者さんにこのステップ1~5を体験していただいていますが、多くの方が口を揃えておっしゃるのは「共感最高!」「共感してもらったら提案はいらない!」「提案は余計なお世話でした」というものです。なので、なくて済むならない方がいい。それがこの五番目のステップである「解決を提案する」というものなのです。

では、どのような時に提案をするのでしょうか。それは、部下から具体的に助言を求められた時です。そんな時は、まずはステップ1～4を丁寧に順番通り実施した後で、軽めにサラリと「解決を提案する」と良いでしょう。しかし、繰り返しますが、この提案がメインになってはいけません。おまけであることを肝に銘じることが大切です。

また、部下の気づきが浅かった時、もう少し多面的に気づいてほしかった時などに、部下自身の気づきを大切に尊重した上で、二つ目の考え方をいわばセカンドオピニオン的に提案という形でお伝えするならば良いと思います。

間違ってもしてはならないのは、五つのステップの1～4を飛ばして、最初からいきなり「提案する」ことです。それはカウンセリングではなく、単なるティーチングです。企業管理職の業務としてティーチングは問題ではなく良い行いです。しかし、本書でカウンセリング型コミュニケーションの技術を学ぼうとされるならば、避けていただきたい方法です。

まずはじっくりと、壁になり、エピソードを聴き、感情レベルで、次いで信念・価値観レベルで共感する。そのフルコースのメインディッシュをいただいた後に、デザートを付け加える程度にティーチングにあたる「提案」をするのであれば、それは相手の心に染み渡り、抵抗なく採用、実行される可能性が高まるでしょう。

なお、提案する際には、押しつけがましくなりがちなＹＯＵメッセージではなく、控えめで相手が受け容れやすい、自己決定を促すIメッセージで行うと良いでしょう。

## ●「解決を提案する」で用いる技術

一次感情、二次感情の技法でも触れたトマス・ゴードンが提唱し、カウンセリングやコーチングなどで広く使われている技術がYOUメッセージ、Iメッセージです。YOUメッセージとは主語を「あなたは～」で伝えるメッセージ。一方でIメッセージとは主語を「私は～」で伝えるメッセージです。

例えば、相手が約束の時刻に遅れてやってきたとしましょう。それぞれの伝え方は以下のように異なる印象を相手に与えるでしょう。

・YOUメッセージ
「あなたはいつも時間を守らないね。あなたは時間を守るべきです」
・Iメッセージ
「私は待っている間不安でした。次から時間を守ってもらえると私は嬉しいな」

一般的にYOUメッセージは相手を否定し、責めるような印象を与えがちです。一方で

**図表12**　YOUメッセージとIメッセージ

| YOUメッセージ | Iメッセージ |
|---|---|
| 上から目線 | 横から目線 |
| 理性的 | 情緒的 |
| 客観的 | 主観的 |
| 断定的 | 選択を与える |

それをＩメッセージで伝えるとその印象は弱まり、ソフトになるでしょう。

本書では、提案はあくまでもおまけでありデザートであることから、ソフトで控えめ、そして相手の自己決定を尊重するＩメッセージで伝えることを推奨したいと思います。

その違いは**図表12**に記します。

第3章、第4章を通じてこれまで様々な心理学者による心理療法・技法をお伝えしてきました。ここで、これらの技法以上に大切な点をお伝えしたいと思います。

それは、カウンセリングの効果にとって大切な要因のうち「技法」はわずか15%程度しかない、という事実です。

マイケル・J・ランバートの研究によれば、カウンセリングの効果に影響を及ぼす要因は

1 クライエント自身や状況などの個人的要因 40%程度
2 カウンセラーとクライエントの関係性に関わる要因 30%程度
3 技法に関わる要因 15%程度
4 クライエントの期待に関わる要因 15%程度

というものです。

技法を超えて。

私たちがカウンセリング技術を学ぶ際に最も重要なのは、技法以上に相手との

関係性や相手の状況などの個人的要因があることを知っておくことです。

技法やテクニックに走るのではなく、その背後にある相手との信頼関係や私たち自身の人間としての在り方がカウンセリングに大きな影響を与えるのです。

DOINGよりもBEING。

それをわかった上で、カウンセリング型コミュニケーションの技術を活用していただきたいと思います。

# 第 5 章

# 職場でカウンセリングを活かす具体策

これまで見てきたカウンセリング型コミュニケーションを職場で効果的に活用するには具体的にどのようにすればいいのでしょうか。

なぜ、何を、いつ、どこで、誰が、どのように、といった5W1Hで活用法を探ってみたいと思います。

あなたの組織でもきっと活用する方法が見つかるはず。知識として学ぶだけでなく実践し、効果を実感してみてください。

# 1 WHY──「なぜ」カウンセリング型コミュニケーションなのか？

## コーチング、NLPの限界

なぜカウンセリングなのか？　コーチング、NLP*だけでは不足なのか？　私が「経営に心理学を」「職場にカウンセリングを」と唱えるたびに、必ず受ける質問です。

私はコーチングやNLPを否定するつもりはありません。これらの技法は本書でお伝えした理論や技法をもとに組み立てられており、カウンセリングとの重複も多くあります。

しかし、ゴール設定が異なるためにその効用に限界があると私は強く感じています。その証拠に、私自身も20年前にコーチングを学びましたし、カウンセリングを学ぶ仲間にもコーチング出身者が数多くいます。彼らは皆、異口同音に言うのです。

「コーチングは役に立っている。しかし、もう少し幅を広げたい」と。

それはNLPも同様です。私はNLPを学んだことはありませんが、カウンセリングを学ぶ仲間の中にNLP出身者もまた数多くいるのです。

では、私が感じているコーチング、NLPの限界とは何でしょうか。それは「目標達成がゴールになっている」ことです。一方で、カウンセリングのゴールは目標達成「以外」にあります。それは、気づきです。しかも問題解決法への気づきではなく、自分自身の再発見、自己一致であり自己実現です。「気がついていなかったけれど、本当の私は○○のような感情を持っていたのか！」「私がいつもイラッとくるのは××という信念・価値観を持っていたからなのか！」というah！ha！体験です。この気づきが「全人格的な成長」を生みます。目先の課題解決を一つひとつモグラ叩きするのではなく、問題や悩みを引き起こす根本にアプローチすることで、問題や悩みが起こらなくなるのです。そこにカウンセリングの意義があると私は思います。

ゲシュタルト療法創始者のフレデリック・パールズが提唱し、医学博士のアーノルド・ベイサーが論文にまとめた「変容の逆説的理論」はカウンセリングの真骨頂を端的に一言で表していると思います。それは「変わりたければ、変わるな」というなんとも哲学的な一言です。人は現状を否定して、変わろうとするから変われない。そうではなく、どんなに受け容れがたい不満足な現状であっても、それを「心の底から」「これでいいのだ。これで良かったのだ」と受け容れた時に、逆説的に変容が始まる。

私はこのような体験を何回もしています。もちろん、あらゆる変容をこの説だけで説明することは不可能です。しかし、人が深い人格部分で変容する時、悩みや苦しみから解放される時、必ずと言っていいほど「変容の逆説的理論」が起きています。

この考え方は、一流のコーチ、NLPマスターも理解しているはずです。しかし、両者のゴールがクライエントの「目標達成」である段階で、それがクライエントの現状否定、自己否定を生み出してしまいがちであることは否めないでしょう。

目標設定と目標達成への解決策立案は、現状否定から始まります。厳密に言えば、現状を否定しなくても目標設定は可能（アドラー心理学の目的論）ですが、一般的に多くの人は目標設定をした瞬間に、達成できていない原因を探し（原因論）、無意識に現状否定から始めてしまう。そして、「変容の逆説的理論」に反し、変容を阻害してしまうのです。

もちろん、効用の限界はカウンセリングにもあります。だからこそ、コーチング、NLP、ティーチングなど、それぞれを否定するのではなく、相互補完的に場面に応じて使い分け、相乗効果を発揮していただきたいと思います。

これまで注目されてこなかった「企業経営にカウンセリングを」。私からの提案です。

＊Neuro-Linguistic Programming　神経言語プログラミング。個人の信念を変えることで潜在能力の発揮やコミュニケーション開発、自己啓発を目指す技法。フレデリック・パールズなど複数の臨床心理学者を研究し開発された）

## ●なぜカウンセリング？　組織人事的側面

日本で最初に心理学を経営に活用し成功したのは、私が新卒で入社し11年半お世話になったリクルート社（１９６０年創業、１９６３年設立）ではないでしょうか。

創業者の江副浩正氏（１９３６-２０１３）と東京大学教育学部でともに心理学を学んだナンバー２の大沢武志氏（１９３５-２０１２）は、新卒採用時のデファクト・スタンダードとして有名な適性検査ＳＰＩの開発者としても有名です。同氏は、『心理学的経営　個をあるがままに生かす』（ＰＨＰ研究所）という先見の明に満ちた名著を１９９３年に著しています。

不世出の天才経営者と呼ばれた創業者の江副氏は、私が同社の新入社員であった１９８８年に新聞報道されたリクルート事件により晩節を汚してしまいましたが、大沢氏と二人の東大心理学卒コンビとして、会社の隅々にまで心理学を活用した施策を張り巡らしました。それにより、同社は「人材輩出企業」「モチベーションカンパニー」「イノベーション企業」として類い希なる経営を続けています。心理学の知見が企業経営に大きな成果をもたらすことを実証したのがリクルート社ではないか、と私は考えています。

また近年、ハーバードビジネススクール教授のエイミー・エドモンドソン（１９５９-）

が提唱した「心理的安全性（Psychological Safety）」は世界中の組織人事に多大なる影響を与えました。同氏の概念をもとに2012年にGoogle社にて展開された調査であるプロジェクト・アリストテレスによれば、生産性が高いチームの共通点として最も強い因子は「心理的安全性」であることが明らかになりました。

この概念は誤解されることが多い難しい言葉ですが「下手なことを言えば恥をかく、仕返しされる、非難されるのではないかという恐れを抱く必要がない、みんなが気兼ねなく意見を述べ、自分らしくいられる文化」のことです。Google社の調査によれば、チームの生産性、業績に対して与える影響は、チームの構成メンバーの在職期間、役職、能力や感情特性よりもチーム全体の文化である心理的安全性による影響が大きかったようです。

本概念を提唱したエドモンドソンは、著作『恐れのない組織　「心理的安全性」が学習・イノベーション・成長をもたらす』（英治出版）の中で、組織全体に心理的安全性を確立するステップとして「土台を作る」「参加を求める」「生産的に対応する」などを明らかにしています。そして、ここで語られている全体的な組織文化面からのアプローチに不足している一対一のコミュニケーション技法として、カウンセリングが活用できるのではないか、と私は考えています。従来から企業で活用されてきた組織心理学、社会心理学の知見のみならず臨床心理学の知見を活用することで経営がより豊かになると私は思います。

## なぜカウンセリング？　事業戦略マーケティング的側面

カウンセリング型コミュニケーションは組織人事分野にだけ成果をもたらすわけではありません。間接的に事業戦略、マーケティング分野にも良い恩恵をもたらすことでしょう。

ＶＵＣＡな時代と叫ばれて久しく感じます。Volatility（変動性）、Uncertainty（不確実性）、Complexity（複雑性）、Ambiguity（曖昧性）、と呼ばれる現代は、予測が困難な時代ではなく、予測が「不可能」な時代だと言われています。

私がお手伝いしている大企業の経営者が口を揃えて言っています。

「これからどうすべきか、は誰にもわかりません。私にもわからない。世界中で誰もわかる人がいないのです。だからこそ、皆さん一人ひとりが考えて、試行錯誤し修正するしかありません。失敗してもいいので、試行錯誤と修正のスピードを上げていくのです」と。

先日、私は数万名規模の大企業におけるイノベーションを推進する技術者集団へ対して「ＷＡＮＴから始めよ」という名の研修を実施しました。これは、私が育ったリクルート社で多用され、現在は多くの企業でも活用されている「ＭＵＳＴ、ＷＡＮＴ（ＷＩＬＬとの表記もあり）、ＣＡＮ」の重なりを作る三つの輪を用いた概念です（**図表13**）。

**図表13 MUST、WANT、CANの三つの輪**

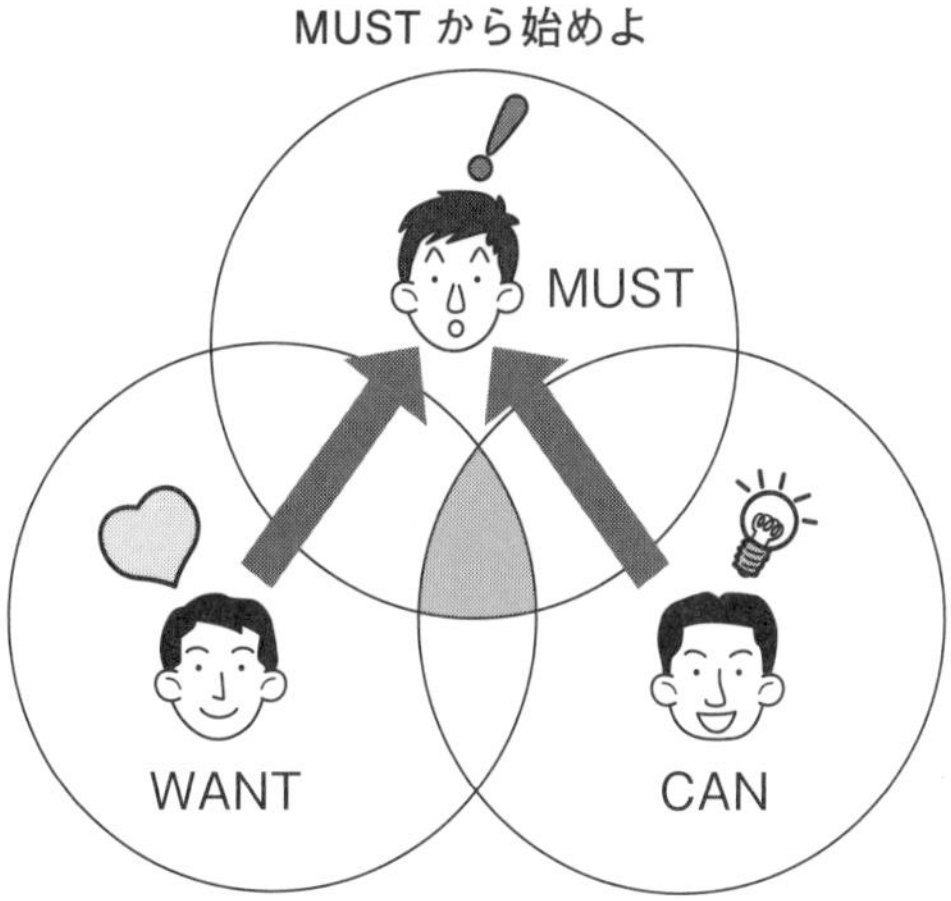


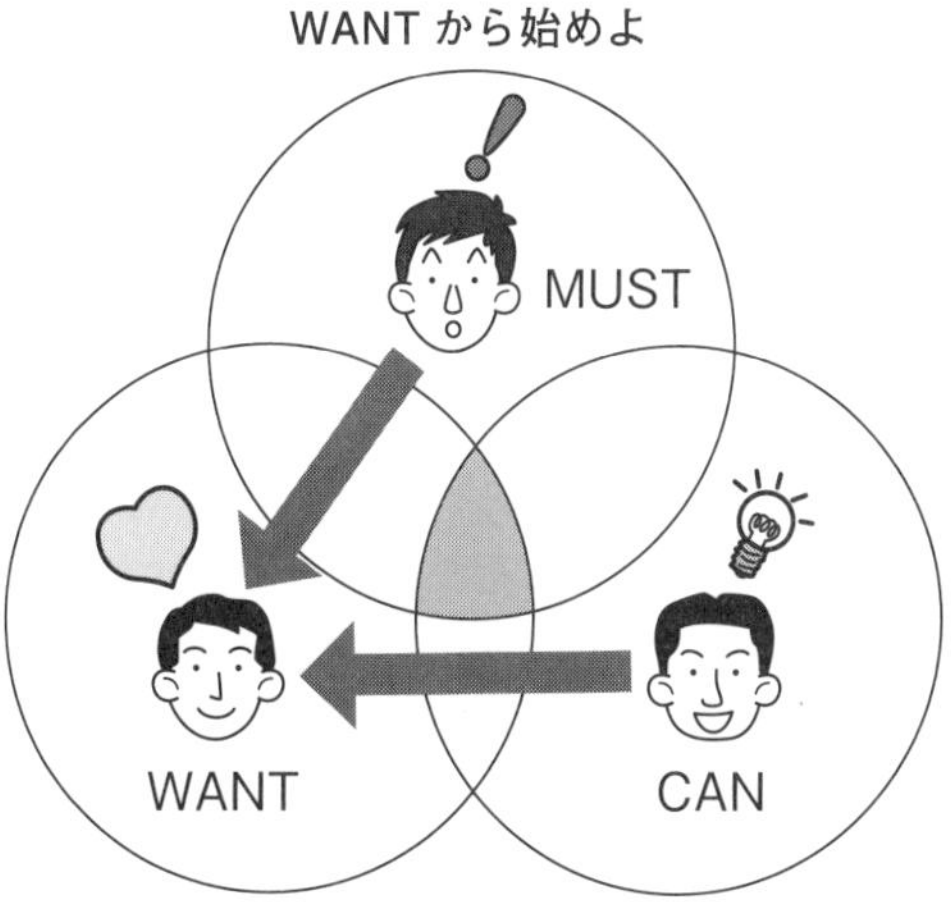

その理論によれば、ＭＵＳＴ（すべきこと）、ＷＡＮＴ（やりたいこと）、ＣＡＮ（できること）の三つの輪の重なりの部分のみが仕事がうまく進む領域であり、そのためには重なりを増やしていくべきだ、という考えです。この概念の出典は不明ですが、おそらくはキャリア論の大家であるエドガー・Ｈ・シャイン（１９２８－）の理論の応用ではないか、と言われています。

そして、この重なりを増やす際に、三つのうちのどの要素を基軸に据えるかがポイントである、と私は思います。ＶＵＣＡな時代以前の事業戦略論が華やかなりし１９６０年～80年代には、ＭＵＳＴ（すべきこと）を固定し、それに向けてＷＡＮＴ（やりたいこと）とＣＡＮ（できること）を近づけるアプローチが当然でした。

ＭＵＳＴ（すべきこと）とは、事業戦略のことであり、それは顧客の要望やニーズに基づき描かれます。明確な正解として捉えられていた戦略を基軸において固定し、それに合わせてＷＡＮＴ（やりたいこと）を重ねていく。具体的には、社員のモチベーションを事業戦略に向けてコントロールし、戦略実行をしたくなるようなインセンティブを設定したり、組織設計を行っていくのです。

同様にＣＡＮ（できること）も事業戦略ありきで重ねます。具体的には、社員の能力を事業戦略に合わせて能力開発し、スキルを与えていく。これにより、固定化された基軸となるMUST（すべきこと＝事業戦略）へ向けて組織をアラインメント（全体最適へ向けて調整）していくことこそが正しい方法だと思われていました。これは、経営史学者のアルフレッド・チャンドラー（1918-2007）の有名な「組織は戦略に従う」という言葉通り、戦略ありきの発想です。これは、裏を返せば、顧客の要望やニーズは分析可能であり、事業戦略「どうすべきか」を明らかにできる、という古い時代のアプローチだと私は思います。

VUCAな時代と呼ばれる現在は、チャンドラーに対するアンチテーゼを打ち立てた経営学者イゴール・アンゾフ（1918-2002）が提唱した「戦略は組織に従う」に近い時代と言えるでしょう。戦略を固定化し基軸にすることはできない。そうではなく、むしろ組織と人を基軸に据え、その力や価値観、文化に適合する戦略を柔軟に描いていくべきだ、という理論だと私は捉えています。

先に挙げたチャンドラーによる「組織は戦略に従う」とアンゾフによる「戦略は組織に従う」は正反対のパラダイムです。

ビジネス書の古典的名著として有名な『ビジョナリー・カンパニー2 飛躍の法則』（日経BP、ジム・コリンズ著、山岡洋一訳）の第3章に有名な一節があります。

「偉大な企業への飛躍をもたらした経営者は、まずはじめにバスの目的地を決め、つぎに目的地までの旅をともにする人びとをバスに乗せる方法をとったわけではない」「まずはじめに、適切な人をバスにのせ、不適切な人をバスから降ろし、その後にどこに向かうべきかを決めている」

まさに、MUSTから始めよ、ではなくWANTから始めよ。組織と人ありきで戦略はそれに従うという発想が基本となっています。

だからこそ、私は「MUSTから始めよ」という常識に対するアンチテーゼとして「WANTから始めよ」という研修を開発し、イノベーションを標榜する様々な企業で展開しているのです。

先行きが不透明なVUCAな時代だからこそ、試行錯誤し、失敗し、修正することが大切です。これは1950年代にエドワーズ・デミング博士（1900-1993）らにより日本に持ち込まれたPDCAサイクルをもとに解説することが可能でしょう。

VUCAな時代におけるPlan（計画）は正しい戦略、計画である必要はありません。実行してみるまでは、それが正解かどうかは誰にもわからない。いわば見切り発車をするしかないのです。しかし、私たちは失敗を恐れます。失敗により、否定され、拒絶されるのが怖いのです。そこで重要になってくるのが、先に挙げた心理的安全性です。

ＰＤＣＡのＰｌａｎ（計画）段階において、失敗を恐れず果敢にチャレンジする案を選択する。見切り発車をする。そのためには、組織文化としての心理的安全性とそれを実現する一対一のコミュニケーション技術であるカウンセリング技術が有効である、と私は考えます。つまり、ＰＤＣＡのＰｌａｎ（計画）段階において心理的安全性とそれを実現するカウンセリング型コミュニケーションは効果を発揮するのです。

また、そうして議論され決定されたアイデアをＤｏ（実行）する際にも、再び心理的安全性は欠かせません。人は誰しもが新しいこと、今までやったことがないことに取り組むのを恐れます。「今のまま」「ぬくぬくゾーン（Comfort Zone）」から出ずに、同じことを繰り返すことを好むのです。これは現状維持バイアスと呼ばれ、変革を阻害する大きな障壁となります。

しかし、この現状維持バイアスは、他者から責められないように自分を守るための防衛行動にほかなりません。ということは、たとえ失敗しても他者から責められたり、バカにされたりすることがなければ、現状維持バイアスは打破できます。

つまり、カウンセリング型コミュニケーションにより実現される心理的安全性は、イノベーションや新たなアイデアに基づく事業戦略、マーケティング計画であるＰｌａｎ（計画）を生む土壌でもあり、同時にそのＤｏ（実行）に際して現状維持バイアスを打破する礎にもなる。

そして、同様の働きはＣｈｅｃｋ（評価）、Ａｃｔｉｏｎ（修正、改善）にも働きます。カウンセリング型コミュニケーションは心理的安全性の確立に大きく貢献し、それが事業戦略、マーケティングのＰｌａｎ（計画）、Ｄｏ（実行）、Ｃｈｅｃｋ（評価）、Ａｃｔｉｏｎ（修正、改善）にも効果を及ぼすのです。

# 2 WHAT——カウンセリング型コミュニケーションは「何を」しているのか

## 所属(Belonging)を実現し、心理的安全性(Psychological Safety)を確立

第3章で詳述したように、アドラー心理学の理論では、人間のあらゆる行動は所属を目的としており、所属を実感できた時にだけ人は幸福になれる、と考えます。

アドラー心理学では、所属は命よりも重い、と考えます。例として学校におけるいじめについて考えてみましょう。大変不幸で悲しいことではありますが、学校でのいじめの被害にあった子どもたちがつらさに耐えきれず自ら死を選んでしまうことがあります。これこそがまさに「所属は命よりも重い」ことの証明です。

アドラー心理学では、自分が望む所属ができない時に人は劣等感を感じる、と考えます。劣等感とは、能力が低いという自覚ではなく、能力が低かったり、自らの性格が非適応的だと捉えた時などに起きる「自分はうまく所属できていない」という感覚を指すのです。すると人は、苦痛を感じます。つまり、私たちは所属できていると幸福を感じ、所属

できていないと感じるとそれが劣等感になり、苦痛と不幸を感じるのです。

私たちは、この苦痛が長く続くと時に耐えられなくなり、死を選んでしまうことがあります。マイナスの所属を感じ苦しみ続けるならば死を選んだ方がまし、という悲しい結論を選んでしまうのです。「所属は命よりも重い」、だからこそ私たちは、職場や家庭で互いに所属を感じることができるようなコミュニケーションを取らなければなりません。そのために大変有効な理論と技法がカウンセリングの中に詰まっているのです。

私たちは所属を実感した時にだけ哺乳類脳である大脳辺縁系がゆるみ、理性脳である大脳新皮質が動き出します。つまり、私たちは所属を実感できないと仕事に集中できないのです。これを別な言葉で表現すると、エイミー・エドモンドソンの概念をもとにGoogle社が明らかにした「心理的安全性が企業の生産性と業績を高める」となります。

つまり、カウンセリング型コミュニケーションを職場で実践することにより起きていることとは、職場で働く人々にとって命よりも重い所属を満たし、幸福を実感させ、心理的安全性を確保することで結果として企業の生産性を高めている、ということになります。

本書が提唱するカウンセリング型コミュニケーションは、そのために大きな貢献ができるに違いない、と私は考えているのです。

## 「個」の尊重。本当の自分(Authentic Self)を解放する

私が11年半お世話になったリクルート社で、当時掲げられていた理念の一つに「個の尊重」という言葉があります。そして、私自身11年半の間に「個の尊重」を数えきれないほど体験しました。それはお題目ではなく、リクルート社の文化として組織の隅々にまで溶け込んでいたのです。先述した同社創業時のナンバー2である大沢武志氏は、その理念に一言「ありのままの」を付け加えました。ありのままの個を活かす。そのままでいい、というのです。

私が今でも覚えている上司たちの言葉がいくつかあります。私が入社五年目に配置転換、人事異動を願い出た時に役員面談をしていただきました。私は、自分のためにわざわざ時間を取っていただき、さらには私の希望を何一つ否定せず聞いてくれた当時の役員に「わがままを言って申し訳ありません」と言いました。すると、当時の取締役事業部長であるAさんは、たった一言「人事にわがままはありません。何でも自由に言いなさい」と言ってくれました。

また、上司である課長との人間関係の悩みを先輩に相談した時にこう言われました。「だったら、部長に相談すればいい。それで納得しなければ取締役に。それでも納得で

きなければ社長の江副さんに言ったっていいんだぞ。リクルートは上司を飛び越えて自由に話していいんだ。江副さんはいつでも時間を取ってくれるぞ」

人材輩出企業リクルートを形作る大きな要素が「個の尊重」であるのは間違いない、と思います。そして、この「個の尊重」はリクルート社に限らず、多くの企業の理念として掲げられています。その実現に本書が提唱するカウンセリングの技術が貢献できる、と私は考えます。

先述のゲシュタルト療法は、本当の自分（Authentic Self）であることを大切にします。そして、そのためには「役割の層」「決まり文句の層」といった、本当の自分を隠している鎧を脱ぎ捨て（**図表14**）、頭ではなく身体で感じること、理論ではなく感情を大切にすることをワークと呼ばれるカウンセリング型コミュニケーションを通じて実現していくのです。

ワークではファシリテーターと呼ばれるカウンセラーの力を借りながら、クライエントは無意識下で感じないように抑圧してきた主にマイナスの感情を表に出し存分に感じます。すると人間性心理学で言うところの自己一致が起きます。ゲシュタルト療法では、それを「内部領域へのコンタクト」と呼びます。

そうして、本当の自分にコンタクトをすると、私たちは本来持っている能力が解き放た

**図表14 神経症的パーソナリティの層**

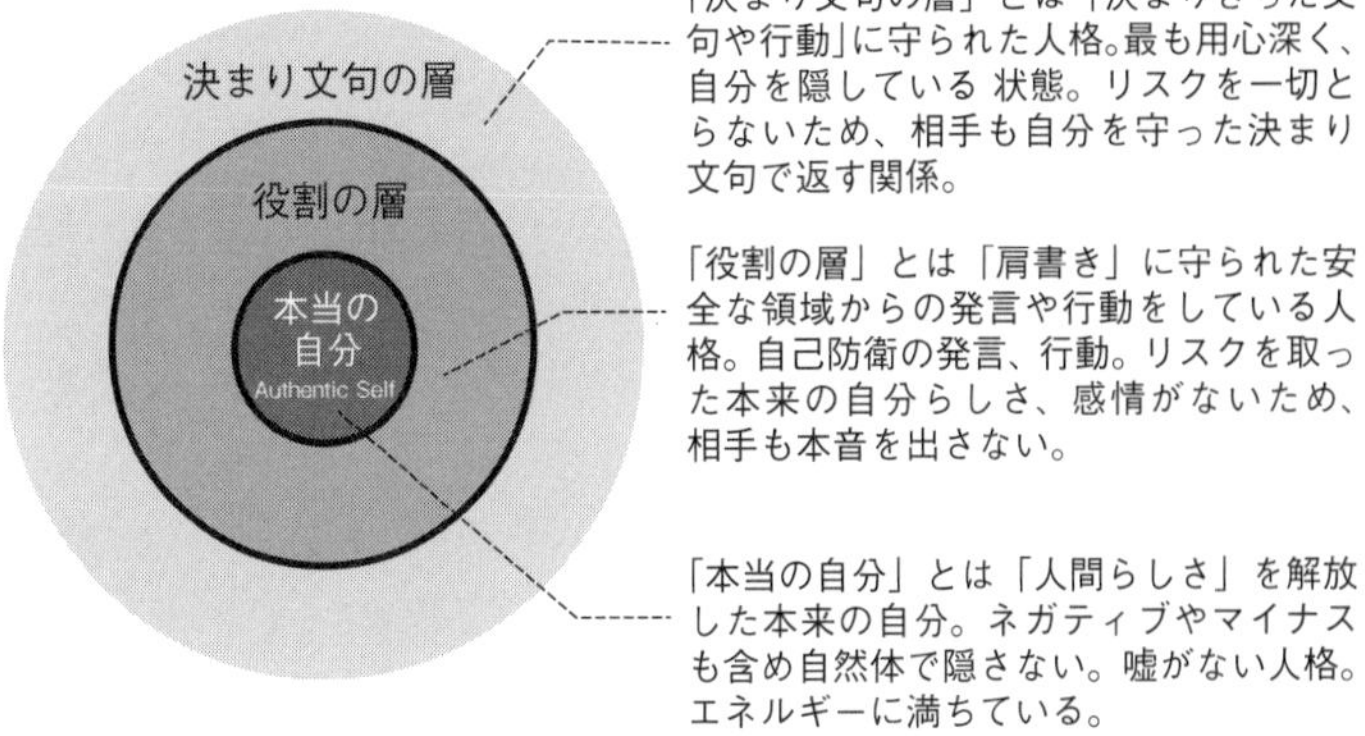
「決まり文句の層」とは「決まりきった文句や行動」に守られた人格。最も用心深く、自分を隠している 状態。リスクを一切とらないため、相手も自分を守った決まり文句で返す関係。
「役割の層」とは「肩書き」に守られた安全な領域からの発言や行動をしている人格。自己防衛の発言、行動。リスクを取った本来の自分らしさ、感情がないため、相手も本音を出さない。
「本当の自分」とは「人間らしさ」を解放した本来の自分。ネガティブやマイナスも含め自然体で隠さない。嘘がない人格。エネルギーに満ちている。


出所：『ゲシュタルト療法テキスト＜新版＞』日本ゲシュタルト療法学会 P56-57を参考に一部著者により改変し作図

れ、身体中に活力がよみがえり、人間的な魅力が表出します。すると周囲の世界が違って見えてきます。そして、本来その人が持っていた生態学的、対人関係的なホメオスタシス（恒常性維持機能）が動き出し、上司が下手にアドバイスなどをしなくても、自ら解決策を見つけ、動き出すのです。そのワークに近い体験が、本書が提唱するカウンセリング型コミュニケーションを通じて可能となります。

一人ひとりが本当の自分を取り戻すことで、一人ひとりの自己一致が起き活力がみなぎる。そして、多くの企業が理念に掲げる「個の尊重」に組織が近づいていくのです。

## ●気づきのサイクルを回し成長を促す

組織行動学者のデイビッド・コルブ（1939-）が提唱した有名な概念に「経験学習モデル」があります。人の成長は学習から起きるのではなく、成功体験、失敗体験から起きる。その体験を単なる経験で終わらせるのではなく、活用することで人の成長サイクルが加速される、という考え方です。

これを上司部下の対話に当てはめると、まずは部下の「経験」から対話が始まります。上司はその経験を聞きながら、適宜コーチング的に質問をしていきます。「その体験はなぜうまくいったのだろうか」「もしも失敗をやり直すとしたらどうするか」といった創造的な質問をすることで二つ目のサイクルである部下の「内省」を促すのです。そして、部下の内省から導き出された原石のような言葉を上司が一緒に磨き上げてキーワードにしていきます。それが「概念化」と呼ばれる三つ目のサイクルです。四つ目は「実践」です。三つ目の概念を生かして新たな活動を行うことで身体に落としていくのです。

これと同じようなサイクルがフォーカシング（P108）においても起こります。部下にとっての言葉にならない体験であるフェルトセンスをカウンセラー役の上司との対話により言葉にしていきます。そのプロセスで、しっくり来る言葉が見つかるとフェルトシフトが起き、世界の見え方が変わります。そして、その後のあらゆる体験が別の視点から行われるようになる。第1章において、ゴウさんが妻と子どもに対する言葉にならない感覚を言葉にしていったことで自分の家族への愛情に気づいていった物語がそれに重なります。

クライエント中心療法に限らず、様々なカウンセリングや心理療法で起きるフォーカシングという現象が、体験と自己概念を一つに重ね合わせていくプロセスを生み、自己一致していくことを通じて人格的な成長が起き、その後の体験がすべて変わっていくのです。コルブによる経験学習モデルが論理的、左脳的なサイクルだとしたら、ジェンドリンによるフォーカシングは身体感覚を重視した、感覚的、右脳的なサイクルと言えるかもしれません。また、同様に経験学習モデルが能力開発だとするならばフォーカシングは感受性開発や姿勢意欲開発と言えるかもしれません。

いずれにせよ、起きたできごと＝体験をカウンセリング型コミュニケーションで深めていくことにより気づきのサイクルが回り、成長が起きることに違いはありません。

このように、カウンセリング型コミュニケーションは気づきのサイクルを回し、相手の成長を促すという重要な働きを組織にもたらすのです。

## 3 WHEN、WHERE、WHO――いつ、どこで、誰が？

### ●（社内）1 on 1、メンター制度、目標管理制度の場面で

カウンセリング型コミュニケーションは、慌ただしく結論を急ぐ日常の業務場面には適しません。コーヒー片手にほっと一息つきながら、自分の感情や身体の感覚を感じながら行うことが大切です。

そのため日常から切り離した「面談」形式の場面をうまく活用すると良いでしょう。そういう意味では、ＩＴ企業を中心に、多くの大企業で導入されている対話の場である1 on 1ミーティングは最適と言えるでしょう。

実際、私は大企業における1 on 1ミーティングの導入支援を一年の間に数十社レベルでお手伝いしていますが、その際に1 on 1には3つの型がある、とお伝えしています。

一つが本書で提唱するようなカウンセリング型1 on 1、二つ目がコーチング型1 on 1、三つ目がティーチング型1 on 1。場面に応じてこの三つを使い分けることが良い1

on 1の条件であると私は考えています。

1 on 1のスタイルは十社十色。しかし、多くの企業ではその本質を理解しないままに、従来型の単なる面談を行っているようです。私は1 on 1導入研修では、1 on 1とは従来型の面談ではない、と口を酸っぱくして強調しています。従来型の面談とは、上司による「上司のための」「部下を問い詰める」「左脳だけを使う」「進捗管理」の場です。その背景にある理論は、目標達成のために達成を阻害している悪い原因を探し取り除く、という原因論です。私はこの従来型のスタイルを刑事が犯人を問い詰める「取り調べ尋問」と名付けています。使われるコミュニケーションは、ティーチング型が8~9割を占め、1~2割程度思い出したかのようにコーチング型の質問を交え、カウンセリング型はゼロです。

では、本来の1 on 1の思想に基づくスタイルはどのようなものでしょうか。それは、上司による「部下のための」「部下に自由に話してもらう」「右脳を使った」「創造的な対話」の場です。私はこのスタイルを「カフェでのおしゃべり」に例えています。

使われるコミュニケーションは、カウンセリング型がメインで5~7割を占め、コーチング型が2~4割、ティーチング型は1割未満で、最後に少し付け加えるか、なくても良いイメージです。

「はじめに」でも少しお伝えしましたが、『心のメッセージを聴く　実感が語る心理学』（講談社現代新書、池見陽著、P75-76）の調査によれば「自分の上司はカウンセリング・マインドが乏しいと思っている部下たち」による「部下が見た職場の活性度」を表す指数が40ポイントであるのに対して、「自分の上司はカウンセリング・マインドが豊かだと思っている部下たち」による「部下が見た職場の活性度」を表す指数は57ポイントと大きな差が見られます。

心理的安全性を築く有効なマネジメント手法である1on1ミーティングにおいては、本書が提唱するカウンセリング型コミュニケーションをぜひ多用していただきたいと思います。

カウンセリング型コミュニケーションと相性が良い制度としてメンター・メンティー制度が挙げられます。私がお手伝いをしている数万名規模の商社にて1on1研修をしていた時のことです。人事の責任者の方がこの研修を見てすぐに「同じ内容でメンター・メンティー研修を実施してもらえませんか。これこそ、新入社員フォローのメンター・メンティー制度にぴったりのコミュニケーションです」と依頼をいただいたのです。私は、この技術が多くの場面でお役に立てることを嬉しく感じました。

また、多くの企業で活用されている目標管理制度における目標設定面談、人事考課面談にも本技術は活用できるでしょう。

目標管理制度とは、「マネジメントの父」と呼ばれる高名な経営学者ピーター・ドラッカー（1909-2005）が提唱し、その概念を日本企業が独自に解釈をし、従来型の人事考課制度と組み合わせて発展させた、多くの企業で実践されている経営管理手法です。

この面談にもカウンセリング型コミュニケーションを活かすことはできますが、その際には注意が必要です。なぜならば、日本型の目標管理制度は、「気軽な対話」を前提とする1on 1ミーティングと異なり「評価する側とされる側」を前提とする堅苦しい上下関係のイメージがつきまとうからです。伝統的な日本独自の目標管理制度はどうしても原因論的に目標未達成の問題や原因追及をしてしまいがちで、それが部下を追い詰め、心理的安全性を阻害してしまうのです。

ですから、従来型の目標設定面談で本技術を活用する場合には、雰囲気に十分配慮し、例えば堅苦しい会議室ではなくオープンな打合せスペースを活用するとか、お茶やお菓子を用意するとか、BGMを流すとか、始める前にマインドフルネス瞑想をする、などのモードチェンジの工夫が必要でしょう。

## ●（社内）テレワークの場面で

テレワークでのコミュニケーションにも本技術は活用できるでしょう。テレワークにおけるビデオ会議は、複数が同時に発言することができません。そこで、発言者が一人ずつ要件のみをコンパクトに発言する癖がついてしまい、雑談など人間的なコミュニケーションが減りがちです。そんな時こそ、本技術を活用してほしいのです。要件を伝え合うだけのコミュニケーションの裏側に隠れている一人ひとりの感情に上司がフォーカスを当て、一緒に共感してほしいのです。例えば部下が、

「スケジュールが三日遅れています」

というできごとを報告した際に、すぐに解決策に飛びついてしまうのではなく、じっくりと感情を味わい共感するのです。

「そうかぁ。それは心配だよね。焦っちゃうよね」

「そうなんです。少し焦っています」

「もしかして、あなた『一人でなんとかしなくちゃならない』という信念・価値観がありませんか？」

「あ！　それ、あるかも」

「一人で抱え込まずに相談してくださいね。みんなで助け合ってこそのチームです」などと、それまでの用件だけの最低限のコミュニケーションに風穴を開け、ビデオ会議の雰囲気を変えることも可能です。

なお、カウンセリング型コミュニケーションにおいて、言語だけでなく非言語情報から多くの気づきを獲得します。心理的安全性も表情が見えなければ実現不可能です。私たちはコミュニケーションにおいて、言語よりも非言語情報を重視します。多くの場合は相手の表情を読み、声色などから相手の本当の感情を推測します。

近年、主にトラウマを扱う心理療法に有効な理論として「ポリヴェーガル理論（多重迷走神経理論）」が注目を集めています。行動神経科学博士のステファン・W・ポージェス（1945-）は「安心安全である」と感じることが、副交感神経の80%を占める迷走神経に影響を与え、人の対人関係的行動を促進し、同時に心拍、血圧、呼吸などの生理学的状態に大きな影響を及ぼす、と述べています。また、人が安全を感じるために相手のまなざし、表情筋の動き、頭の傾きの角度などが大きく影響していることを教えてくれます。

ところが、ビデオ会議でカメラをオフにしていると、相手の表情が見えません。すると私たちは相手に自分の言葉が届いているのかどうか、理解納得されているかどうかがわからなくなり、途端に所属の危機を感じ、不安になってしまいます。

この状態は例えるならば、携帯電話が電波を探して常にアクセスを繰り返し、著しく電池を消耗している状態と同じです。私たちは、相手の表情が見えないことにより所属の危機＝生命の危機を無意識に感じながら、必死に相手の共感を探し続けます。そして、ぐったりと疲れてしまう。これが一般的にＺＯＯＭ疲れと言われている、ビデオ会議の疲労の正体です。

ですから、テレワークの場合、可能な限りお互いにカメラをオンにして表情を見せ合い、意図的に非言語を含めた反応を伝え合いながら進めていくことが大切です。

本書が提唱するカウンセリング型コミュニケーションは1 on 1ミーティングをはじめとして、各種面談の場面、ＯＪＴの場面、テレワークの場面でも有効なのです。

## ●（社外）営業商談、外注パートナーマネジメント、採用面接の場面で

カウンセリング型コミュニケーションの技術は社内の上司部下関係のみに有効とは限りません。相手が社外の方、例えばお客様、外注パートナーさん、自社への新卒、中途入社希望者と接する場面でも有効に活用できるでしょう。

私が1 on 1ミーティングの導入研修をお手伝いしたある大手製造業の部門長の方が研修に参加しながらこうおっしゃいました。

「この研修は我が社の営業担当者がお客様と商談をする際にも効果が期待できる内容です。現在の我が社のセールスは、残念ながらお客様と表面的な雑談（会話）をしただけで、すぐに製品を売り込んでしまう。そうではなく、お客様の本当の声、心の中に入り込み、そしてお客様の気持ちや立場に立って提案をしてほしい。そのためにはこの方法が有効と確信しました。ぜひ営業マン向けにも研修をお願いします」と。

私は「我が意を得たり」と膝を打つ思いでした。

また、同様に大手システムインテグレーターさんの管理職コミュニケーション研修で登壇していた時に、受講者の方がこうおっしゃいました。

「小倉先生、この内容は、外注パートナーさんのマネジメントで苦労しているプロジェクト・リーダーにも大いに役立つ内容です。彼らは社内の人だけでなく様々な会社の外注パートナーさんと協業しています。しかし、社外の人は仕事の前提となる信念・価値観が大きく異なる人も多く、彼らは大変苦労しています。それぞれの信念・価値観がどのように異なるかが事前にわかれば対応できるのですが、そこまで深い話をせずに表面的に作業のスケジュールや業務確認ばかりしているので、いつまで経っても溝は埋まらず、むしろ深くなるばかりです。ぜひプロジェクト・リーダー向けにもこの研修をお願いします」

言われてみれば当たり前のことですが、相手に起きている「できごと・事実」だけに注目するのではなく、そこで起きている相手の「感情」に焦点を当て、そして相手の感情の源にある「信念・価値観」に共感するコミュニケーションは社外の方に対しても有効なのは間違いありません。

私が一緒にカウンセリングを学んでいる仲間の一人に、大手企業で人事採用を担当している方がいます。彼はこのように語ってくれました。

「カウンセリングの学びが採用面接でとても役に立っている。私自身がホンネで自己開示し、そして相手のできごとやストーリーラインではなく感情にフォーカスすることで相手も胸襟を開いてくれる。すると、本当の意味で相互理解が進み、良い採用、良いマッチングができるのです。表面的な学歴や職歴、資格、スキルだけではなくて相手の心をわかること。入社希望者の方が、何を大切にし、何がイヤなのか。この価値観レベルでのすり合わせがないままに、スキルや職歴だけで採用した後に現場で不幸なミスマッチが起きてしまっています。私がカウンセリングを学び、それを面接で活用することで、このミスマッチが起きなくなっているように感じています」

社内の方同士のコミュニケーションは距離が近い分だけ関わりが密になり難しさがあります。社外の方とのコミュニケーションはそこまで距離が近くない分、冷静に対処できそうです。しかし逆に言えば、どうしてもコミュニケーションが薄く表面的になってしまい、本質的な信念・価値観を共有できません。結果として、深いレベルでの根本的なミスマッチが様々な問題を引き起こします。

本書が提案するコミュニケーションが社外の方とのやりとりにもお役に立てれば嬉しく思います。

## ●イノベーション、アイデア創出、組織変革、M&A時の異文化融合で

「「あくびをしながら言えたこと」の中に重要なアイデアも含まれているはずなんですよね」(「経産官僚の女性がメルカリで8カ月働いてみたら、見えたこと」ｉｘキャリアコンパス、鈴木陸夫 and 岡徳之 https://www.businessinsider.jp/amp/post-195307)

経済産業省入省9年目の八木春香さんが、メルカリに8カ月出向した時に気づいたこととしてインタビュー記事が紹介されています。

私がこのネット上の記事を拝読して驚いたのは、八木さんにとって最もインパクトが強かったのは、毎週行われる1 on 1だった、ということなのです。八木さんによれば霞が関の省庁も民間と変わらず時代の変化に対応するために変革待ったなし、とのこと。省内調整に時間を割いている猶予は一刻もない、と語っています。

イノベーションは、様々なアイデアが掛け合わされて起こるもの。そのためには、気楽

に、あくびしながら、リラックスした状態で話さなければならない。その土台を1on1で作る。メルカリならではの大変理にかなったやり方です。

1on1の場で使われることが多いカウンセリング型コミュニケーションは、哺乳類脳、情動脳と呼ばれる大脳辺縁系の緊張をゆるめます。すると、アイデアを司る理性脳の大脳新皮質が動き出す。アイデアはリラックスしている状態でなければ出てこないのです。

皆さんは、どんな場面でアイデアが出ますか？　よく言われているのは「お風呂につかっている時」「シャワーを浴びている時」「ベッドの中で眠りにつく直前」「目が覚めたばかりの時」などなど。すべてに共通しているのは、安心してリラックスしている時です。ちなみに私の場合は、ジョギングをしている時、車で田畑の中をゆっくりと運転している時、などです。

「アイデアを出せ！」と上司から会議室で詰められる中でアイデアなど出せるはずがありません。もちろん、イノベーションは起きません。アイデアが出て、イノベーションが起きるのは、全員がリラックスして、安心安全を実感できる時だけです。

だからこそ、アイデアを出し、イノベーションを起こすには、本書が提唱するカウンセリング型コミュニケーションが役に立つ、と言えるでしょう。

実際に私がカウンセリング型コミュニケーション研修で1on 1の導入を数年がかりでお手伝いしている大手通信会社の目的は、イノベーションを起こすことです。部門トップの役員さんは研修をスタートするにあたり、次のようなメッセージを社員さんに伝えました。

「私たちは変化の時代、変革のまっただ中にいます。そして、スピードある技術革新の中で新しい事業や新サービスを次々と生み出していかなければなりません。アイデアを創出し、イノベーションを起こさなければならないのです。そのためには、コミュニケーションを変えなければなりません。この研修は大変重要な研修です。皆さん、ぜひこれまでとは異なる新しいコミュニケーションの技術を身につけてください」

アイデアを出す際に多くの企業で使われているアレックス・オズボーン（1888-1966）によるブレイン・ストーミングの技術は本書が提唱するカウンセリング型コミュニケーションの技術と親和性の高い手法です。ブレイン・ストーミングを行う際に重要なのは、どんなに突拍子がないバカバカしいようなアイデアに対しても、一切否定せず肯定的に接することが徹底されます。これこそまさにカウンセリングにおける原理である「受容原則」「無条件の肯定的配慮」「共感的理解」に通ずる考えです。

アイデアを生み出す、イノベーションを起こす。その際にも心理的安全性は必須であり、本書の技術が大いに貢献できるのではないか、と思います。

## 感情を出さない人、話したがらない人にも有効か？

カウンセリング型コミュニケーションの技術を企業研修で練習している時に、多く寄せられる質問が表題の内容です。

「私の部下に、感情を表に出さない人、1on1でも沈黙して『話すことがありません』という人がいます。どのように対処したら良いでしょうか」というものです。

私の答えは一貫しています。

「あまり話したくない、という部下の方のペースを尊重されてください。無理に話させようとせず、沈黙を恐れずに、ゆっくり待ってはいかがでしょうか。『話したくない』というのも表現の一部です。『話したくないのですね』と受容し、その気持ちを一緒に味わってみてはいかがでしょうか」

「少し厳しい言い方かもしれませんが、人によっては部下との間に借金がある方もいるようです。つまり、上司の側は気づいていなくても、部下からすれば『これまで何を話しても聴いてもらえなかった。何を言っても否定されてばかりだった。もうこの人には何を話しても無駄だとあきらめている。ましてやホンネを伝えるなどありえない。今さら1on

1だからといって何でも話してくださいと言われても、話す気にはなれません』という方もいらっしゃいます。その時は、時間がかかるかもしれませんが借金を返すしかありません。そうしてようやくスタートラインに立つことができるのです」

「借金の返し方は、スタートラインに立ってから進めるカウンセリング型コミュニケーションと何も変わりはありません。スタートラインに立つ前も後も方法論は変わりません。辛抱強く、借金があることを意識しながら相手のペースに合わせて、部下の役に立ちたいと誠実に対話を重ねるしか他に方法はないと思います」

「その姿勢をベースとした上で『1 on 1は上司と部下による部下のための時間です。会社の方針として週に一度の1 on 1を経営の最重要事項として位置づけているのです。せっかくの時間を有効な時間にするために協力してもらえませんでしょうか』とお願いをしてみてはどうでしょうか。1 on 1は上司だけが責任感を背負って、部下をしゃべらせる場ではありません。上司と部下の二人の時間です。一緒にその時間を豊かにしていくことを題材に話すのもまた良い1 on 1の時間かと思います」とお伝えしています。

すると、さらに追加でこのような質問を受けることも多くあります。

「根本的な質問なのですが、カウンセリング型コミュニケーションは誰にでも効果があるのでしょうか。話したくない、感情を出したくない、という人には苦痛なだけではないでしょうか」

なかなかに的を射た良い質問です。私は以下のようにお答えしています。

「例えば神経症や心の病で精神科に通っている方などへは深い関わりは避けなければなりませんし、医師の指導をもとに進めなければなりません。しかし、普通に会社に来ている健常者の方であるならば、たとえ感情をあまり表に出さない人も、話さない人も本技術をもとに対話をすることは問題ないと考えます」とお伝えした上で、その理由の一つとして、私がかつて読んだカール・ユング（1875-1961）の『分析心理学』（みすず書房、カール・グスタフ・ユング著、小川捷之訳）の中のエピソードをご紹介しています。

ユングは医師を対象にしたセミナーの中で「思考」と「感情」は正反するものであり、「思考」が高度に分化（著者注：進歩・発展の意）されていると感情が未分化である、と解説しています。そして、「思考が優位の人は感情を持たないのでしょうか」と受講者へ問いかけ、次のように解説しています。「いいえ、反対です。思考優位の人は激しい感情の持ち主です。非常に感情的で、すぐに興奮するたちです」

そして、以下のようにユーモアを交えて付け加えています。「知識人が家庭でどのように振る舞っているかを知りたいなら奥さんに聞いてみてごらんなさい」

私は本書でお伝えしているカウンセリング型コミュニケーションの技術は、あらゆる人間に当てはまる本質的なコミュニケーションである、と考えています。ですから、あまり感情を表に出さず、話をしたがらない人に対しても当てはまると思います。

もちろん、感情表出やコミュニケーションのペースは相手に合わせてゆっくりと行うことが大切ですが、感情を表に出さないからといってその人に感情がないわけでも、コミュニケーションが嫌いなわけでもないと思います。

誰もが相手に自分をわかってほしいし、共感してほしい。アドラー心理学の目的論で考えればそれは究極目標である社会への所属であり、それこそが人類全体に共通する幸福である、と考えれば当然のことではないでしょうか。

本書の技術は、健常者の方を対象とする限りにおいて、あらゆる人を対象と考えても良いと私は思います。ただし、繰り返しますが、相手のペースは大切にして無理強いをしないこと。ゆっくり、ゆったり構えて、気長におつきあいすれば良いと思います。

# 4 HOW――どのように？

## 1％未満の場面でのモードチェンジが「いい塩梅」に日常に染み出す

年間三百回を超える企業研修に登壇し、このようなコミュニケーションをお伝えしていると多くの方から受ける質問があります。それは、

「この方法が有効なのはわかりました。しかし、仕事には締め切りがあり、山のように仕事があります。さらに、働き方改革で残業をすることもできません。なので、このような悠長なことをやっている余裕はありません。どうしたら良いのでしょうか」

現場の皆さんが短期（目先の納期遵守、目先の目標達成）と長期（組織づくりと人材育成）のトレードオフ（二律背反）に苦しみながら頑張っているのがよくわかるご質問です。私はその場合、以下のようにお答えしています。

「一つ提案なのですが、カウンセリング型コミュニケーションを使う場面を限定してみてはいかがでしょうか。例えば1 on 1の時だけ、のように。そして、そこでは日頃のコ

ミュニケーションを遮断して、徹底してこのスタイルをやってみるのです。1on 1以外のコミュニケーションは従来通りでかまいません。使い分けてみてはいかがでしょうか」

「例えば、週に一回部下と1on 1の時間を30分取ると仮定してみましょう。一日8時間の就業時間として週5日で40時間。1on 1の時間はそのうちの0・5時間。わずか1・25%です。しかも1on 1ではカウンセリング型だけではなく、コーチングもティーチングも使います。するとカウンセリング型コミュニケーションを使うのは全就業時間の1%にも満たない、わずかゼロコンマ数%でしかありません。それならば、問題なく使えるのではないでしょうか。それで日常業務が滞るとは思えません」

「このコミュニケーションスタイルは、従来の皆さんのコミュニケーションとことごとく反対だと思います。理論ではなく感情に焦点をあてる。できごとではなく、その時の気持ちに焦点をあてる。問題は解決せず気持ちに共感する。左脳ではなく右脳。これは中途半端にやっても効果がありません。徹底してやることが大切です。しかし、皆さんが日常のコミュニケーションをすべてこれでやっていては仕事にならないと思います。ですから場を選んだ方がいいと思います。一番いいのは1on 1の場です。使い分けるのです」

「ただし、その場合には事前告知原則を守ってくださいね。いきなり日頃と真逆のコミュニケーションを取ると部下が戸惑うと思います。なので『研修で学んだ新しい面談のスタイルをやってみるね。私もまだ練習中でうまくできないだろうし、いつもと違うかもしれないけれどやってみたいと思うんだ。協力してもらえるとありがたい』と伝えるのです」

するると、次のような質問が追加で発せられます。

「わかりました。やってみたいと思います。しかし、日頃のコミュニケーションと1on1のスタイルが違うと部下も戸惑いませんか？　ダブル・スタンダードになってしまうようで、それでいいのかどうか……」

私はこの使い分けが苦肉の策であると同時に効果が発揮されるということも体験しています。それをお伝えするようにしています。

「おっしゃることはよくわかります。しかし、日常とカウンセリング型コミュニケーションを混ぜてしまっては効果がないのです。ですから、純粋形で徹底して使うには使い分けの他に方法がないのです。私たちカウンセラー仲間も、普段からすべてカウンセリング型コミュニケーションをしているわけではありません。例えば一緒にお茶やお酒を飲んで打ち解けて話す時には壁打ちでなくラリーをして、それぞれの話をすることも多いです。具体的なエピソードを深掘りせずに、抽象的な要約であるレポートで話すこともあります。共感せずに助言することもあります。それは日常の友達同士の会話だからです。対話の場とは異なります」

「しかし、互いにカウンセリングの練習をする場面では、モードチェンジをしてカウンセリング型コミュニケーションを徹底します。『さあ、今からセッションをしましょうか。では、モードチェンジのためにマインドフルネス瞑想をしましょうか。呼吸を整えたらセッションを始めましょう。さあ、今日は何を話しますか?』と切り替えるのです」と。

お互いに、それぞれの場の目的が違い、きちんと線を引いてモードチェンジをすれば使い分けにまったく問題は感じません。

しかし、一方で日常会話の場面で、題に応じて突然カウンセリング型コミュニケーションに切り替わることがあります。例えば単なる世間話をしているうちに相手の悲しみや淋しさ、怒りを感じた時などです。その時私たちはごく自然に会話ではなく対話モードに切り替わり、カウンセリングのように話します。

「そんなことがあったの……。それは悲しかったでしょう。あなたの話を聴いていて、私もつらくなってきたわ」とごく自然に共感してしまうのです。

これは、カウンセリング型コミュニケーションが身体に染み込み身体化したことによる無意識の反応です。理性で使い分けを意識しているわけではありません。

これでいいのです。私はこれを「染み出す」と呼んでいます。最初のうちは、対話と会話を混ぜずに明確に切り分けるために場面を分離します。しかし、それを繰り返しているうちに、カウンセリング型コミュニケーションが身体化して自分の血肉に溶け込んでいきます。すると、場面を分ける必要がなく、ごく自然にスイッチが入り、会話と対話がシームレスにシフトチェンジできるようになる。1 on 1の場面限定で使われていたコミュニケーションスタイルが日常の業務の場面にも少しずつ「染み出す」のです。

これが最終的な目指す姿だと思います。第1章でココロさんが部下と話していた日常場面でごく自然にカウンセリング型コミュニケーションをしていたのはその一例です。そのためには逆説的なようですが、最初の頃は場を使い分けることをお勧めします。どうやらココロさんも最初のうちは、場面によって使い分けていたようですよ。

最初からこの最終形をやろうとすると、逆にカウンセリング型コミュニケーションが身につくことはないでしょう。中途半端に日常の業務的やりとりと混ぜては効果を実感できないからです。人は、頭でわかっているだけでは実践できません。実際に実行してみて、部下の変化や信頼関係の変化を体感し、効果を身体で感じてみる。それを何度か体験して初めて身体化していくのです。

まずは、場面によって使い分けをあえて徹底してみる。中途半端に混ぜてやるのではなく、1 on 1など場面を限定して徹底してカウンセリング型コミュニケーションをやってみる。すると、何度か効果を体感できるようになる。それを繰り返しているうちに、多忙な日常の会話の中でもシームレスに会話と対話のシフトチェンジができるようになって日常に「染み出して」くる。これが最終形です。

私たちカウンセラー仲間もそのようにしていますし、私が数年がかりでお手伝いをしている1 on 1導入企業でもそのような身体化が起きています。ご参考になれば幸いです。

## ●時間がないからできないという人間は時間があってもやらない人間である

阪急電鉄創業者の小林一三氏（1873-1957）は日本に初めて鉄道を中心とした都市開発、流通事業、観光事業などを一体化した鉄道モデルを作り上げた名経営者として知られます。

また同氏は経営モデルのみならず数多くの心に沁みる名言を残したことでも知られています。私が好きな同氏の言葉に以下のようなものがあります。

「金がないからできない、という人間は、金があってもやらない人間である」という厳しくも核心を突いた一言です。私はこの「金」という言葉を「時間」や「人」と置き換えてもそのまま通用すると思います。

「時間がないからできないという人間は時間があってもやらない人間である」

「人が足りないからできないという人間は人が足りてもやらない人間である」

私が毎日企業研修で接している中間管理職の皆さんは確かに多忙を極めています。そして皆一様に同じことをおっしゃるのです。

「小倉先生のおっしゃることはよく理解できますが、何しろ時間がない。いつも納期に追われ、お客さんに迷惑をかけるわけにもいかない。だから、悠長にカウンセリング型コミュニケーションをやっている時間がないのです。時間があったらぜひやりたいです」と。

私はそれに対していつも同じ回答を送ります。

「では、いつになれば時間に余裕ができるのでしょうか？　皆さんが部長、役員へと出世すれば時間ができるのでしょうか。私はそうは思いません。部長、役員になれば、今以上にさらに忙しくなるのは間違いありません」

「今がこれからのビジネスマン人生で一番時間があり暇な時です。ですから、今できないとしたらこれからさらにできなくなるでしょう。つまり、あなたは一生やらないのです」

そうお伝えした上で先の小林一三氏の言葉の一部である「金」を「時間」に変換してお

伝えします。

「時間がないからできないという人間は時間があってもやらない人間である」と。

「時間がないからできない」という人は、実は最初から「やらない」という意思決定をしているのです。そして、その意思決定の言い訳として「時間がない」という証拠を集め提示しているのです。

しかし、だからといって、確かに忙しく時間がない目の前の管理職にカウンセリング型コミュニケーションの活用を強制することはできません。人は強制されたことを継続できません。そして強制された状態では効果を上げることはできず、もう一つ「できない理由」を増やしてしまうだけになります。

ですから、私にできるのは先の言葉をお伝えするところまで、です。その上でご本人がカウンセリング型コミュニケーションにチャレンジしてみようと自己決定されることを待つしかできないのです。

人は「自分がやってもらって嬉しかったこと」を誰かにしてあげたくなる動物です。私にできるのは、企業研修という場を通じてその体験を増やすことだと自己定義しています。理論で「やるべき」と追い詰めるのではなく、やりたくなるようなアプローチ。北風と太陽で言うならば、ポカポカと暖かな日差しで、相手が思わずコートを脱ぎたくなるような、そんなアプローチです。

そのために私の企業研修では、私自身がカウンセリング型コミュニケーションを30分間実践して見せる講師デモンストレーション実演を重視しています。それにより、研修受講者さんが何かしら暖かな太陽を感じ、そして「私もやってみたい」と思っていただくことを重視しています。

「時間がないからできない」は「やりたくない」「ムリ」と決めつけた後の言い訳探し、証拠探しです。本書を読むことで「やってみたい」という気持ちを感じたなら、ぜひ一度チャレンジしてみることをお勧めします。

## ●相手を変えようとしない、自分を変える

人間性心理学を代表する心理療法である交流分析を提唱したエリック・バーン（1910-1970）の有名な言葉があります。それは

「過去と他人を変えることはできない。しかし、未来と自分を変えることはできる」

というものです。

カウンセリングは相手を変えるために行うのではありません。人間性心理学のゴールは自己一致です。つまり、相手を「変える」のではなく、相手が自分らしく、自分へ「還《かえ》

る」ことを支援するのです。

相手を変えようとすることは、マルティン・ブーバーが言うところの「我―汝関係」ではなく「我―それ関係」となります。カール・ロジャーズが言うところの「無条件の肯定的配慮」と「共感的理解」に背きます。それでは、カウンセリング型コミュニケーションは成り立ちません。そうではなく、相手が相手であるように、相手が自分らしく、自分へ「還る」お手伝いをするのです。

相手を変えず自分を変える。この名言は真意を理解することが難しい深みのある言葉です。私たちがこの言葉を間違って理解しがちなのが「相手を変えるために自分が変わる」という勘違いです。

自分を変えるのは、相手を変えるためではありません。相手を支援するために自分のコミュニケーションを変えるのです。相手が相手らしく、自分に「還る」お手伝いをまっとうすることで、相手が本当の自分に気づき、自分が見ないようにしてきた自分を自己に統合し、世界の見え方が変わり、全人格的な変容が起きるのです。

自分で自分がわかるようになると、世界が変わって見えます。

自分で自分がわかるようになると、これまで繰り返し起きてきた問題の原因がわかり、問題が少しずつ起きなくなっていきます。

自分で自分がわかるようになると、本来の自分の能力や活力や魅力が自然に発揮できるようになり、あらゆるできごとが変化していきます。

カウンセリング型コミュニケーションは目先の問題解決をしない代わりに、根本的な問題の根っこを変革する大きな解決を行います。

相手を変えようとするのではなく、相手が自分に「還る」お手伝いをする。そのために、私たち自身がコミュニケーションを変えていく。

皆さんがこの大いなるプロセスを楽しみながら体験していただくことを祈念して本書の筆をおくことにしたいと思います。

# 参考文献


・『臨床心理学』（有斐閣、丹野義彦・石垣琢麿・毛利伊吹・佐々木淳・杉山明子著）
・『臨床心理学第17巻4号　必携保存版　臨床心理学実践ガイド』（金剛出版、岩壁茂責任編集、「臨床心理学」編集委員会編）
・『公認心理師現任者講習会テキスト改訂版』（金剛出版、一般財団法人日本心理研修センター監修）
・『心理療法・その基礎なるもの』（金剛出版、スコット・D・ミラー、バリー・L・ダンカン、マーク・A・ハブル著、曽我昌祺監訳）
・『マイクロカウンセリング技法　―事例場面から学ぶ―』（風間書房、福原眞知子監修）
・『心のメッセージを聴く　実感が語る心理学』（講談社現代新書、池見陽著）
・『ゲシュタルト療法テキスト〈新版〉』（日本ゲシュタルト療法学会）
・『アドラー心理学基礎講座応用編テキスト』（アドラーギルド）
・『ポリヴェーガル理論入門』（春秋社、ステファン・W・ポージェス著　花丘ちぐさ訳）
・『「ポリヴェーガル理論」を読む　からだ・こころ・社会』（星和書店、津田真人著）
・『スキーマ療法入門　理論と事例で学ぶスキーマ療法の基礎と応用』（星和書店、伊藤絵美編著）
・『分析心理学』（みすず書房、カール・グスタフ・ユング著、小川捷之訳）
・『恐れのない組織「心理的安全性」が学習・イノベーション・成長をもたらす』（英治出版、エイミー・C・エドモンドソン著、野津智子訳）
・『心理学的経営』（PHP研究所、大沢武志著）
・『ロジャーズ選集（上）：カウンセラーなら一度は読んでおきたい厳選33論文』（誠信書房、H・カーシェンバウム、V・L・ヘンダーソン編、伊東博・村山正治監訳）

**小倉 広**（おぐら・ひろし）

小倉広事務所代表取締役
心理カウンセラー、エグゼクティブ・コーチ、組織人事コンサルタント。

大学卒業後、株式会社リクルート入社。組織人事コンサルティング室課長など企画畑を中心に11年半勤務。ソースネクスト株式会社（現東証一部上場）常務取締役、コンサルティング会社代表取締役を経て現職。

リクルート社在職中の昇進うつを機に心理学と心理療法を学び始める。日本アドラー心理学会正会員、日本ゲシュタルト療法学会会員。現在、研修講師として年間300回登壇し、一年先まで予約が取れないほどの人気を博している。

著書に、『任せるリーダーが実践している　1on1の技術』『任せる技術』（日本経済新聞出版）『アルフレッド・アドラー　人生に革命が起きる100の言葉』（ダイヤモンド社）『もしアドラーが上司だったら』（プレジデント社）など多数。著書累計発行部数は100万部超。

## コーチングよりも大切な
# カウンセリングの技術

2021年 8 月20日　1版1刷
2024年 9 月 2 日　　7刷

| | |
|---|---|
| 著　　者 | 小倉 広 |
| | ©Hiroshi Ogura, 2021 |
| 発 行 者 | 中川ヒロミ |
| 発　　行 | 株式会社日経ＢＰ |
| | 日本経済新聞出版 |
| 発　　売 | 株式会社日経ＢＰマーケティング |
| | 〒105-8308 東京都港区虎ノ門4-3-12 |
| 装　　幀 | 山之口正和（OKIKATA） |
| 心理学者イラスト | 楠 伸生 |
| ＤＴＰ | 朝日メディアインターナショナル |
| 印刷・製本 | 三松堂 |

ISBN978-4-532-32420-9　Printed in Japan